機密解禁文書にみる日米同盟

アメリカ国立公文書館からの報告

ジャーナリスト
末浪靖司
Suenami Yasushi

高文研

はじめに

私は二〇〇五年以来、毎年のように訪米して、日米関係の調査をしてきました。

その中で知り合ったアメリカ人や各国の人たちに、日本の憲法の話をすると、「日本人はパシフィズム（平和主義）だね」といわれました。きっと日本は戦争しない国だということが、多くの国で語られてきたからでしょう。

第二次世界大戦終了七〇年に際して、アメリカの新聞クリスチャン・サイエンス・モニターは、日本では高校生が「安倍晋三から日本を守れ」「子供を守れ」「未来を守れ」と唱和してデモ行進していると、平和主義の様子を特集しました。

日本は、かつて世界の国ぐにと戦争した反省と教訓から、世界に先駆けて戦争も軍備も放棄した憲法をもっています。それがないがしろにされ、葬られようとしていることに、老若男女が戦争反対の声をあげています。

沖縄県の辺野古の美しい海を埋め立てて米軍基地を作る計画に、政党政派を超えて「異議あり」の声が広がっています。

沖縄県民が新基地建設をストップさせるために選んだ知事が「違法な工事が行われているようだから立ち入り調査をする」と言ったら、アメリカが出てきて、立ち入りを認めないと言いました。

なぜ、アメリカは日本でそんなに大きな権力をもっているのでしょうか。条約や法令はどうなっているのでしょうか。

キー・ワードは、日米同盟です。

沖縄の新基地建設も、アメリカに協力して戦争する体制づくりも、日米同盟のためです。

日米同盟って、何でしょうか？

日米同盟については、多くの本が出ていますが、政府の発表や文書をもとに書いた本は、安保条約や米軍駐留を美化するマジック・ワードになりかねません。

それでは日米関係の本当の姿は見えません。米軍機の超低空飛行による爆音の被害や墜落の恐怖で各地の住民が困っています。しかし、政府が「やめてください」と言ったことはありません。

日本の主権や国民の暮らしに大きな影響があるこのような問題を見る上では、アメリカ政府の文書を精査して、問題の本質を見る必要があります。

日本がアメリカとまともな関係を持つためにも、この問題を解決しなければなりません。

私は、二〇〇五年夏のワシントンＤＣの米議会図書館を皮切りに、二〇〇六年からはメリーランド州カレッジパークにあるアメリカ国立公文書館（ＮＡＲＡ。National Archives and Records Administration）に通って、秘密指定を解除された大量のアメリカ政府文書を読みました。

そうしたら、わかってきたのです。日米安保条約や地位協定があるから米軍が自由にふるまえるというのは、ウソだということが――。

本当のことを知るためには、信用できる証拠が必要です。何かの目的をもって、後から作られた文書ではなく、責任ある者が必要あって書いたけれども、秘密扱いの指定があり、長い年月にわたり封印されてきたものであれば、信用できるでしょう。

アメリカ国立公文書館に保管されている文書には、ほとんどトップ・シークレット（機密）、シークレット（極秘）、コンフィデンシャル（秘密）、あるいはオフィシャル・ユース・オンリー（部外秘）といった秘密区分が記されています。それが情報自由法（ＦＯＩＡ。Freedom of Information Act）という法律で、何十年という年月が経過して秘密指定が解除され、いま読めるのです。

ワシントンＤＣのジョージ・ワシントン大学にある国家安全保障公文書館（ＮＳＡ。National Security Archives）にも行って、国立公文書館では削除されていた文書の全文が入手できました。核兵器持ち込みや米軍出撃の密約を報告した極秘公電です。

最初は三カ月も行けばいいだろうと思っていたのですが、結局、一〇年近く毎年のように、アメリカに通うことになりました。本当のことが分かるという魅力にとりつかれたからだと思います。

そうして得られた情報や知識を、「日本がいつまでも平和であって欲しい」と願っている多くの方々と共有したい。そんな思いが、わずかな年金収入から渡航費用や滞在費を捻出して続けたアメリカ通いを支えてくれました。

アメリカ国立公文書館の文書について

※アメリカ国立公文書館とは

国立公文書館は、一九三四年に設立されました。ここには、一七七六年七月四日の独立宣言をはじめ合衆国憲法、権利章典など、アメリカ合衆国の誕生から現在までの連邦政府の文書が保管されています。本部はワシントンＤＣの中心、ペンシルバニア通りと七番街が交差する所にありますが、膨大な文書を保管し、全米をはじめ世界各地から調査に来る閲覧者に供するために、一九九〇年代初めにメリーランド州カレッジパークに新館が建設され、アーカイブⅡと呼ばれています。本書で紹介する文書はここで調査・収集したものです。

※本書で主に使用したレコード・グループ（ＲＧ）

文書は、連邦政府各省庁の組織や機能により、記録群―レコード・グループ（ＲＧ。Record Group）に分けられています。本書で使用している文書は、主として次のレコード・グループを調査し入手したものです。

●ＲＧ５９（国務省一般記録群）The Department of State
●ＲＧ８４（国務省在外公館記録群）The Foreign Service Posts of the Department State

アメリカ国立公文書館IIの正面と閲覧棟

●RG218(米統合参謀本部記録群)The United States Joint Chiefs of Staff

●RG331(第二次世界大戦連合国占領司令部記録群)Allied Occupational and Occupation Headquarters, World War II

●RG273(国家安全保障会議記録群)The National Security Council

※国務省文書の分類とファイル

以上のうち、最も頻繁に閲覧した国務省の文書(RG59)は、保管の方法が一九六〇年に、それまでの十進分類法(Central Decimal Files)から主題番号分類法(Subject Numeric Files)に移行しました。十進分類法は、主題コード、国コードと文書作成・収受年月日を組み合わせて、すべての文書に番号をつけたものです。主題番号分類法は、略号と数字により項目と国別を表します。本書によく登場する項目では、国防関係のDef 1（防衛政策、計画、即応体制）、Def 15（基地、施設）、Def 15-3（地位協定）、Def 15-4（基地協定）、政治関係のPol 15（政府）などがあります。このほか、各部署が独自に管理したロット・ファイルOffice/Lot Fileとよばれる文書群があります。本書では主に次のロット・ファイルの文書を使用しています。

- 極東局北東アジア室対日講和条約関係文書
- 対日講和条約に関するジョン・フォスター・ダレス文書
- 法律顧問室対日講和条約関係文書
- 東アジア・太平洋局日本問題室関係文書
- 北東アジア室日本課長主題別文書
- 中国日本朝鮮関係文書

（文書名の日本語訳などは、『アメリカ国立公文書館徹底ガイド』仲本和彦著、凱風社によりました。）

※東京―ワシントン間のメッセージの伝達方法

東京―ワシントン間のメッセージを交換する手段は、通常は電報か文書です。Telegramは電報ですが、多くの場合、秘密を保証するとともに大量の情報をやりとりするため、専用の電信を使用しています。これは日本で通常使用されている電報とは、ニュアンスが異なる意味であることを明確にするため、本書では公電と訳しました。

Airgram は、秘密を確保するため、通常は専門の要員が携行して航空機で運びます。いわゆる手便です。外交伝書ともいわれます。航空郵便によるいわゆる航空書簡とは異なるので、本書では書簡と訳し、必要な場合は「書簡（Airgram）」と記しました。

※文書の請求と閲覧

アメリカ国立公文書館に保管されている文書を請求するには、閲覧室に備えられているファイルにより調べます。閲覧したい文書は閲覧申請書に、日付、氏名、リサーチ・カード番号とともに、ＲＧ番号、書架住所である書庫番号（Stack）・列番号（Row）・区画番号（Compartment）・棚番号（Shelf）、エントリー番号、シリーズ名、箱（Box）番号を書いて提出します。本書では、ＲＧ、シリーズ名などは明記していますが、ＢＯＸ番号はメモにより判明している場合に限られます。閲覧室への筆記用具の持ち込みは厳禁されており、メモするには閲覧室に用意されている特別の用紙と鉛筆を借用します。

※文書の記録と保存

公文書館の閲覧室には専用のコピー機が備えられています。複写をする場合は、その文書が入っている箱（ＢＯＸ）をスタッフのところに持って行きます。一部のファイルをＢＯＸから取りだすことにより文書の順序が違うことになるのを防ぐためです。

公文書館で秘密解禁文書を運ぶホリンジャー・ボックス。その後は閲覧室風景

文書を見せて登録し、開示番号を明記した小紙片（Declassification Slug）を受け取り、これをコピー機に貼り、複写した文書に明示されるようにします。閲覧室エリア（Research Complex）から出る際に秘密指定解除手続き済みであることを証明するためです。そのうえで、コピー機に備えられている書類に、月日、氏名、開示番号（ＮＮＤ）を明記して複写します。

写真撮影やスキャンによる複写の場合も、当該ＢＯＸをスタッフの所に持っていき、同様の手続きをします。スキャンの場合は、スキャナーに貼ることにより、すべての文書にＮＮＤが印刷されるようにします（二〇一一年までは許可したスタッフのイニシアル署名、日付も記入しました）。また使用しているスキャナーが複写登録済みであることを証明する紙片をもらい、閲覧場所に掲示します。

もくじ

III章　米軍は地球上のどこにも出撃する

装丁＝商業デザインセンター・増田絵里

Ⅰ章　法治国家崩壊のカラクリ

1　一体化する沖縄と本土

米軍の直接支配のもとで苦しんだ沖縄県民が、かつて祖国復帰運動を進めたのは、戦争も軍隊も放棄した日本国憲法のもとに帰れば、米軍による蹂躙《じゅうりん》や基地の重圧から逃れられると思ったからでした。

しかし、沖縄県は、復帰後も、アメリカが直接支配の下で押しつけた基地を引き継いだうえに、安保条約と地位協定のもとに置かれることになりました。

＊瀬長亀次郎氏の洞察

このことを、沖縄人民党委員長として米軍の強圧的支配とたたかった瀬長亀次郎氏は、当時から見ぬいていました

「当の沖縄県民は、『祖国復帰の念願はかなえられた。いままでの苦労はむくいられた、ああよかった』と腹の底から佐藤首相に唱和して万歳を叫ぶものは一人もいませんでした」

「それは、『核抜き、本土なみ』の偽装のもとで、『核かくし・有事核もちこみ・米軍出撃の自由』を保障し、沖縄県民の苦しみの根源である米軍基地をそのまま、まるごと残し、自衛隊なる日本軍

隊を米軍基地防衛に配置し、共同作戦、共同防衛のもとで、反共アジア核侵略の沖縄基地を再編強化しようとするものだったからです」

「それはまた、占領軍による県民の生命、財産のはかり知れない損失にたいする請求権を放棄し、基地を国民の血税で買いとり、――主権をふみにじり、たえがたい犠牲と屈辱を国民に強いるものだからです」と。

（『民族の悲劇』瀬長亀次郎、一九七一年七月一日、新日本出版社ⅱ―ⅲページより）

瀬長氏がこのように指摘してから半世紀近くになります。

沖縄県民が圧倒的多数で選んだ知事の指示も拒否して、新基地建設の工事を強行する日米政府の強権ぶりが、瀬長氏の指摘の正しさを証明しています。

沖縄県をはじめ日本全国で進められているのは、自衛隊が米軍のために戦争できる体制づくりであり、そのための基地づくりです。

激しい軍事訓練を繰り返している米軍海兵隊は、アフガニスタンやイラクの戦場で、あるいはシリアやアフリカの紛争地域で特殊作戦をすすめています。

宣戦布告をして戦争するのではありません。地球上の紛争地域に軍隊を送り、兵器を送り込み、米軍の顧問団が現地軍の戦争を指揮しています。空爆はしばしば子ども、女性を含む一般住民をも殺傷して、怒りを買っています。

憎悪と復讐の連鎖反応は、紛争を拡大し、テロと無差別殺戮の応酬の原因になります。日本の基地が、そうしたアメリカの戦争の出撃拠点になっています。

沖縄には、すでにアメリカ軍海兵隊のＭＶ22オスプレイが配備されています。本土でも、各地で超低空飛行をしています。

東京の横田基地に配備される予定の米空軍のオスプレイＣＶ22は、沖縄のトリイステーションに駐留する米陸軍第一特殊部隊群（グリーン・ベレー）や嘉手納基地の空軍第三五三特殊部作戦群を、敵の占領する遠くの戦闘地帯に運ぶことが任務です。

特殊作戦は、いまアメリカ軍がアフガニスタンや中東で実際にやっている作戦です。敵が占領支配している地域などに奥深く武装部隊を送り込み、暗殺、拉致、破壊、人質救出などをします。

この点で、沖縄と本土は一体です。

陸海空やいっさいの戦力を保持しないと定めた日本国憲法のもとで、なぜこんなことになるのでしょうか。秘密指定が解かれたアメリ政府の文書は、問題の根本に立ち返って日米関係を見る有力な手がかりになります。

＊日米合同委員会で作られた五・一五メモ

アメリカと日本の政府が辺野古に新しい米軍基地をつくるために、美しい辺野古の海の一定水域をブイで囲み、沖縄県民をはじめ日本国民の立ち入りを拒んでいるのは、そこが米軍基地に広げられたからです。

それは、沖縄が一九七二年五月一五日に本土に復帰したときの日米政府の秘密取極めに始まりました。いわゆる「五・一五メモ」です。

五・一五メモは、米軍基地の使用条件について、両国政府が日米合同委員会でひそかに取り交わした文書です。

一九七八年に二二の基地についてメモの概要が公表されましたが、それ以外は秘密として公表されませんでした。

琉球新報社は一九九七年三月、秘密合意文書の主要部分である「施設・区域（注）の個々の覚書」の英文本文と日本語訳の全文を入手しました。

（注）施設・区域とは米軍基地のことです。米軍の占領が終わった直後の一九五三年三月一二日の第四四回日米合同委員会で、日本側責任者の伊関裕二郎が「基地といえば治外法権だと左翼に攻撃される」と米側に泣きついて、このように言い換えることになりました（駐東京大使館から国務省へ、一九五三年三月一三日）。本書では、引用など必要な場合を除いて、基地と言います。

琉球新報一九九七年三月七日付によると、メモは四八の米軍基地の範囲や使用目的、使用条件を詳細に明記し、演習内容や使用火器、演習形態、使用時間を取り決めていました。

当時の橋本内閣は同年三月二五日、五・一五メモのうち、主要部分の施設分科委員会覚書（復帰時の計八八の基地提供および訓練基地の指定に関する文書）などを公表しました。

覚書には、復帰後も米軍に提供される基地の範囲や使用目的が書かれています。占領下の米軍の基地使用が、そのまま受け継がれたことをうかがわせる記述も少なくありません（琉球新報一九九七年三月二五日）。

ここでの問題は、米軍新基地の建設を予定している名護市辺野古では、キャンプ・シュワブが大浦湾に張り出す形で米軍提供水域とすることが五・一五メモで設定をされており、これを根拠に日米両国政府がキャンプ・シュワブ沿岸の常時立ち入り禁止水域を、二〇一四年六月に最大で沖合二〇〇〇メートル（約七〇〇ヘクタール）へ拡大したことです。

一方、新米軍基地建設については、「米海兵隊は一九六五年、辺野古の浅瀬を埋め立てて飛行場をつくる計画をたてた」（『沖縄はもうだまされない』二〇〇〇年一〇月、高文研、一〇〇ページ）と指摘されています。

五・一五メモは、沖縄県が本土に復帰し、アメリカと日本の政府が沖縄を安保条約による基地の重圧のもとに置いたその日に、日米地位協定にもとづく米軍の特権を続けることを日米合同委員会で決めていたことを示しています。

日米合同委員会なるものに、いったい誰がこのような権利を与えたのでしょうか。

沖縄県名護市の稲嶺進市長は、提供水域の本来の目的は米軍の演習などにあり、工事を強行するための立ち入りは「地位協定などで決められたものを超えている」と批判してきました。安保条約・地位協定を前提にしても法的に問題があるのに、そうした措置が日米両国政府によって一方的に決められ、決定された経過も明らかにされず、当事者の意見も排除して強行されるところに、日米密室協議の害悪が示されています。

憲法・法令にもとづかず、国民には秘密で、国民を犠牲にする合意をつくる――。これが曲者《くせもの》です。

沖縄県民はアメリカ軍事支配下で長年にわたり苦しい祖国復帰運動を続けてきました。その努力が報われて復帰がやっと実現したその日に、県民の知らないところで、五・一五のような取り決めをひそかにしていた日米合同委員会とは、いったい何でしょうか。

＊訴えが届かないブラック・ホール

米軍の行動や基地の被害には、全国どこでも住民が困っています。

たとえば、米軍機の超低空飛行です。沖縄でも本土でもそうです。大都市とその周辺の人口密集地でも、農村でも山間部でも、住民は爆音に泣いています。

「子どもが怖がって泣きやまない」「テレビが聞こえない」。そんな苦情が都道府県や市町村の役場に寄せられています。

米軍の航空機は、もう何度も各地で墜落・炎上して住民を巻き添えにしています。物体の落下も絶えません。

米軍航空機の爆音や騒音で苦しんでいる各地の住民は、その地域を管轄している防衛局にも訴えます。

本来は米軍当局と交渉して、その行動をやめてほしいとか、改善してほしいと陳情すればよいのですが、それはまずできません。

東京の虎ノ門にはアメリカ大使館があり、各地の大都市にはアメリカ領事館があります。また東京の横田基地の在日米軍司令部をはじめ各地の基地には司令部があり、それぞれ司令官がいます。

米軍当局者は基地の日米平和友好際などでアピールすることはあっても、これは戦闘集団としての米軍の本質を隠して、不満を表面化させないためです。

米軍の行動で困っている住民が、アメリカ軍に「やめてほしい」「改善してほしい」と陳情したいと思って訪ねても、責任ある司令官は出てきません。

大使館や各地の米軍基地は、厳重な警戒態勢がとられていて、責任者に面会して、事情をきくこともできません。たとえ会えたとしても、「上部に伝える」というだけで、ラチがあきません。

それではと、都道府県や市町村長の代表がアメリカ側の責任者と会って、解決策を率直に話し合えばいいのですが、それもまずできません。

訴えをうけた役所は、各地域の防衛局などに問い合わせや申し入れをしますが、防衛局が米軍や基地の司令官に改善措置を取らせたという話は聞いたことがありません。

米軍は日米安保条約にもとづいて日本に駐留しています。しかし、米軍がどこに、どのような基地をおいて、日本国内でどのような行動をするかということは、安保条約にも地位協定にも書いてありません。

日本に基地を置くことを定めているのは、地位協定の第二条ですが、そこに具体的なことは書かないで、日米合同委員会で協定を結ぶと書かれています。

外国の軍隊をどこに置かせるか、その軍隊がどのような行動をするのか、というのは、独立国にとって最も重大なことであり、国民の権利や暮らしを守るうえで決定的に影響します。それが、国会にも報告されない機関で秘密裏に決められているわけです。

日本に駐留する米軍の権利は、地位協定の第三条に書いてあることになっています。しかし、ここでも、米軍は何が出来て、何ができないかということは書かないで、「すべての行動を執ることができる」と書かれています。

また基地の外では、米軍の出入りなどのための措置を日本政府が実行するとだけ書いて、何をするかということは、「合同委員会で両政府が協議して」と書いてあります。

地位協定の第二五条では、日米合同委員会が地位協定を実行するためのすべてのことを協議する機関だと書かれています。

国民が主権者として自分たちの代表を選んだ国会では、例えば、オスプレイ配備の問題ついての質問に、外務大臣が「詳細はわからない」と答弁しています。

オスプレイの問題では、防衛省や外務省は「ていねいに説明する」と言いますが、自治体や住民の代表が一番訊きたい「事故が続発する危険な航空機が、なぜ人家が密集する所を飛ぶのか」という肝心の問いには、答えたことがありません。

各地の自治体は、防衛省や外務省に、米軍航空機の低空飛行やオスプレイ配備の問題で飛行中止や配備撤回を求めていますが、政府は、それをアメリカ側に伝えたのか、それとも、伝えなかったのか、という初歩的なことさえ答えられません。

アメリカ空軍が東京の横田基地にオスオプレイを配備する計画を明らかにしたのに対して、基地周辺の五市一町は二〇一三年七月、配備撤回を求める要望書を外相に出しました。アメリカは二〇一五年五月に実際に配備すると決めたので、議員は衆議院外務委員会で「周辺自治体のこの要望をアメリカ側に伝えたのか」と質問しました。

しかし、外務大臣は「伝えた」と答えることができず、「アメリカ側と幅広く議論を続けている」というだけでした。

米軍海兵隊のオスオプレイMV22は、沖縄県宜野湾市の人口密集地をはじめ、日本の各地を低空で飛行しています。加えて、横田基地に空軍のオスプレイCV22が配備され、人口の超過密状態がひろがる首都圏をはじめ各地を飛行するようになれば、どうなるか。不安をつのらせる住民は、この疑問をどこにもってゆけばよいのでしょうか。

米軍が住民にどれほど大きな苦しみや被害あたえても、またそれに対して住民が苦情や抗議を訴えも、ブラック・ホールに吸い込まれるように消えてゆくシステム——それが日米合同委員会です。

私はアメリカ国立公文書館で、日米合同委員会に関するアメリカの大統領、国防長官、国務長官、さらには駐米大使、大使館一等書記官が書いた極秘文書を発見することができました。

また、アメリカ大使館や太平洋軍司令部の文書から、日米合同委員会の米側責任者が各基地についてどのように考え、どのような判断をしたのかということがわかりました。

これから順次、それらの内容を紹介しますが、その前に予備知識として、日米合同委員会とは何か、そこで誰が何を決めるのかということを見ておきましょう。

2　日米合同委員会―だれが何を決めるのか

＊アメリカ側代表は在日米軍参謀長

まず、どのような人が日米合同委員会に出席するかを紹介します。

日本側の代表者は、外務省北米局長です。代表代理として、防衛省、法務省、大蔵省、農水省など各省庁から参事官、審議官、局長らの幹部が出席します。戦力不保持を定めた憲法からして当然ですが、いずれも軍人ではありません。

これに対して、アメリカ側の代表者は、在日米軍参謀長です。代表代理には、大使館公使のほかは、在日米軍司令部の部長、それに在日米陸軍司令部、第五空軍司令部、在日米海軍、在日米海兵隊のそれぞれの参謀長というずれも米軍司令部で指揮をとる軍人です。

委員会の下に三五の分科委員会や部会があり、およそ二週間に一度の割合で会合が開かれます。

日米合同委員会では、議事録と合意文書は作成されますが、非公開が原則です。

日米合同委員会はどのような機関なのか、そこで何が話し合われているのか、国民にはわかりません。徹底した秘密機関です。ブラック・ホールになる理由が、ここにあります。

つまり、どこを、どれだけ、どのように外国軍の基地にするか、米軍がこの日本で何をやっているか、国民にどのような影響があるかという重大なことが、在日米軍を動かしているアメリカの軍人と日米政府の高級官僚が密室協議で決めて、その内容は国民に明らかにされないのです。

＊占領下に作られた秘密協議の機関

なぜ日本には、こんな組織があるのでしょうか。

日米合同委員会の前身は、日本がまだ米軍の占領下にあった時につくられた予備作業班です。

平和条約が発効して日本が独立すれば、占領軍は撤退しなければなりません。

日本は一九四五年七月二六日に連合国が出したポツダム宣言を受諾して降伏しました。ポツダム宣言は、責任ある日本政府ができたら占領軍は撤収すべしと定めています。

ところが、アメリカは一九五一年九月八日に、サンフランシスコ市で平和条約が調印されたその日の約五時間後に、米軍が日本に居すわれるように、吉田茂首相に日米安保条約に調印させました。

安保条約は、それまで日本国民には秘密にされていました。平和条約の調印式に参加した全権団の団員もサンフランシスコに着いてから安保条約を見せられ、署名を拒否しました。苫米地義三（民主党最高委員長）、徳川宗敬（緑風会議員総会長）は調印式へも参加しませんでした。それで吉田一人が署名しました。

平和条約は一九五二年四月二八日に発効しました。それを前に、アメリカは日米の協議機関として予備作業班をつくり、占領終了後も米軍が必要とすることは、ここで日本政府に命令し実行させました。協議機関といっても、日本の占領統治にあたっていた軍人をそのまま予備作業班に横すべりさせ、実態は占領時代と変わりませんでした。

予備作業班の決定は、一九五二年四月二八日に日米合同委員会に引き継がれました。

安保条約により日本に駐留する米軍の権利は、岡崎勝男外相とラスク国務次官補が一九五二年二月二八日に調印した日米行政協定に書かれました。これは日米間の条約ですが、日本国民の暮らしや権利に重大な影響があります。しかし、国会で審議も批准もされませんでした。

行政協定のための日米間交渉は一九五二年一月二二日に始まりましたが、その前日の二一日には、アメリカはどこを米軍基地にするかは日米合同委員会で決めるという行政協定草案を吉田首相に伝えていました。

この事実は、アチソン国務長官がシーボルト連合国軍政治顧問にあてた極秘公電でわかりました。(Telegram, From Acheson to Sebald, Political Advisor, No.2020, January 21, 1952, 10：14,

Secret, RG59, Central-Decimal Files, 1950-54)

一九四九年四月に調印された北大西洋条約機構（ＮＡＴＯ）も、長年にわたりアメリカの植民地だったフィリピンが独立後の一九五一年八月に調印した米比相互防衛条約も、それぞれ基地をどこに置くかを定めています。

はたして吉田は同年二月一八日に、どこを米軍基地にするかについては日米合同委員会で決めるという行政協定第二条の条文をアメリカ側に提案して、アチソンの要求に応じました。

主権国家としては到底受け入れられない要求を米側からつきつけられると、それを自分の方から提案して、あたかも日本側の要求でそうなったかのように装うことは、その後の日米交渉でもしばしば出てきます。これは日米同盟の重要な特徴です。それがまだ米軍の占領下にあった当時から、ずっと続いているわけです。

アチソン国務長官の極秘公電を受け取ったシーボルトというのは、マッカーサー連合国軍最高司令官の政治顧問でした。マッカーサーが東京・日比谷にＧＨＱ（占領軍総司令部 General Head Quarters）を設けた直後に、政治顧問に採用されました。

占領軍のメッセージを日本政府に伝えたり文書にサインをしたりしていたので、マッカーサーの意向を代弁しているように思われていました。

ダグラス・マッカーサー総司令官は、第二次世界大戦で日本との戦争を指揮した軍人です。本書にあとで頻繁に登場するマッカーサー駐日大使の叔父にあたります。

3　在日米軍と大使館の関係

＊大統領覚書から国防・国務長官合意へ

アメリカの占領行政は連合国軍総司令部（ＳＣＡＰ。Supreme Commander for the Allied Powers）のＧＳ（Government Section）が日本政府を通じて行う間接統治でしたが、マッカーサーは極東米軍司令官でもあり、アメリカの対日支配はマッカーサーの命令で行われました。しかし、占領が終わり、日本が独立すれば、駐日大使が任命され、日本とアメリカの関係は外交ルートを通じて処理されるはずです。

ところが、一九五二年四月二八日に対日平和条約が発効して占領が終わると、新たに問題が出てきました。日本には強大な米軍が占領軍から駐留軍に名前を変えて居座っていました。この面での日米関係は日米合同委員会で処理され、同委員会の米側代表である在日米軍司令部参謀長を通じて米軍が絶対的権限をもっていました。

そこから、では駐日大使は何をするのかという問題が出てきました。ワシントンでは、在日米軍司令官は国防長官の指揮下にあり、駐日大使は国務長官の下にあります。

平和条約が発効する直前の一九五二年四月二三日、トルーマン大統領は、日米合同委員会の在日外交部門責任者と極東米軍司令官の関係がどうなるかという問題について、極秘の覚書を出しました。

その内容は、軍事に関しては極東軍司令官が、日本政府と直接交渉するということです。占領が終わっても、占領時代の関係をそのまま続けよ、という指示でした。

◆大統領の覚書、極秘、一九五二年四月二三日、主題：［平和］条約後の駐日外交大使と極東米軍司令官の関係に関する原則

日本に対するアメリカの軍事的支援に関しては、司令官が執行する権能を有し、日米の政府間取り決めの範囲内では、日本軍の組織、訓練、輸送、装備を含む支援のあらゆる軍事的側面について日本政府の関係代表と直接連絡して取り扱う。

アメリカの外交在外公館責任者［大使］と［軍］司令官は、互いに影響し合うそれぞれの責任分野に含まれている問題について、調和と情報交換を確保するために必要とされるすべての行動をとる。軍事問題に影響する政策問題（軍事支援の問題を含めて）で紛争が生じたときは、それを解決するために、国務省と、統合参謀本部を通じて国防総省に、それぞれ問題が報告され、しかるべく間は行動を差し控える。

もっとも、軍隊の安全に影響するような緊急事態や、あるいは緊急事態が迫っている場合には、司令官は、みずからが軍隊の安全確保に欠かせないと考えるいかなる行動もとることがで

きる。

ハリー・トルーマン

Memorandum by President, April 23, 1952, Secret, Subject：Principles Governing Relationships between Chief of United States Diplomatic Mission in Japan and Commander in Chief, Far East, in Post-Treaty Period, RG59, Def15, Japan-US, Joint Committee File

その後、トルーマン大統領の覚書は、一九五七年八月一日に、ダレス国務長官とウイルソン国防長官が署名して共同で出した声明によって、撤回されます。

撤回した最も大きな理由は、極東米軍司令部が一九五七年七月一日に廃止され、その機能がハワイにある太平洋軍司令部に吸収されたことです。

極東米軍司令部は、一九四五年の日本降伏により東京に置かれました。

マッカーサー元帥が連合国軍最高司令官として、対日占領統治をするとともに、極東米軍司令官を兼任しました。アメリカが冷戦政策に転換した後は、アジアにおける対ソ戦略を担い、朝鮮戦争で戦う第八軍を率いて、「国連軍」の作戦司令部となってきました。

一方、太平洋軍司令部（ＣＩＮＣＰＡＣ、現在はＰＡＣＯＭ）は、ハワイ以西のアジアと太平洋地域からアフリカ大陸東海岸にいたる広大な地域を管轄しています。フランスなどの植民地支配に代わって、インドシナ半島をはじめ東南アジアでの民族解放運動への対抗、台湾海峡危機への対処、中国封じ込めなど広範な任務を担ってきました。

日本国内で活動しているアメリカの軍事部門と外交部門の間では、たとえば日本国民に対する関係でも、意見の違いが生まれるのは避けがたいことです。

ダレスとウイルソンの共同声明は、在日米軍司令官（ＣＯＭＵＳ　Ｊａｐａｎ）と在日外交公館責任者［駐日大使］の間に意見の違いが生まれた時は、軍隊の安全に影響する緊急時や緊急事態急迫時に軍隊の安全を確保するために必要な行動をとることを除いては、合同委員会としての行動を控える、と述べていました。軍事優先で解決するよりも、たなあげするのが好ましいということです。

◈大統領への覚書、一九五七年八月一日、極秘、主題：合衆国の在日外交大使館責任者と極東米軍司令官の関係

日本にくわえて北東アジア諸国におけるアメリカの軍事活動と軍隊に対する極東米軍司令官の責任が異常に広範であり、また極東における国連軍司令官の仕事が加わったために、極東米軍司令官（ＣＩＮＣＦＥ）と在日外交責任者の関係について、大統領特別覚書が一九五二年四月二三日に出された。

一九五七年七月一日の極東米軍司令部の廃止により、在日米軍司令官は日本の領域外の軍事活動に責任はなくなり、極東における国連軍司令官として行動することはもはやない。したがって、在日米軍司令官と在日外交責任者の特別の関係として行動する必要はもうない。

ジョン・フォスター・ダレス
C・E・ウイルソン

Memorandum for President, August 1, 1957, Secret, Subject : Relationship between Chief of United States Diplomatic Mission in Japan and Commander in Chief, Far East, RG59, Def15, Japan-US

◆在日米軍司令部・在日軍事援助顧問団と、在日外交責任者との関係に関する国防総省と国務省の了解覚書、一九五七年八月一日、極秘

国防総省と国務省の代表は、極東米軍司令部（ＣＩＮＣＦＥ）の廃止と一九五二年四月二三日の大統領覚書の撤回による問題について、つぎのように了解した。

一、在日米軍司令官は、日本において外交責任者の次の順位で合衆国を代表する。

（二、三は略）

四、在日米軍司令部と在日外交責任者の間に、軍事問題に影響する政策にかんして違いが生じた場合には、問題は国防総省と国務省に照会され、それぞれ解決され、安全保障に関わる緊急時や、あるいは緊急事態が差し迫っている時に、在日米軍司令官が軍隊の安全を確保するのに必要な行動をとることを除いては、行動は差し控えられる。

ジョン・フォスター・ダレス　国務長官

C・E・ウイルソン　国防長官

Memorandum of Understanding between Departments of Defense and State Concerning Relationships between Commander of United States Forces, Japan (COMUS Japan), Military Assistance Advisory Group, Japan, and Chief of Diplomatic Mission in Japan, RG59, Def15, Japan -US, ibid.

ダレス国務長官とウイルソン国防長官が署名した上記の覚書によれば、対日関係で第一の責任者は駐日大使であり、在日米軍司令官はその次ということです。その司令官としての機能は太平洋軍司令官に吸収されました。

しかし、日米合同委員会における米軍優先の実態は少しも変わらず、基地周辺住民は米軍機の爆音と墜落をはじめ米軍の行動に悩まされてきました。首都圏の真ん中に君臨する横田基地、厚木基地を例にとって、日米合同委員会の実態を見ましょう。

＊基地拡張も住民対策も合同委員会で

神奈川県の横須賀基地に直結する厚木基地周辺の爆音問題は、横田基地とともに深刻で、しばしば日米合同委員会の議題になりました。

同基地では、旧安保条約の時代から横須賀を本拠地とする米空母艦載機が、タッチ・アンド・

ゴーと言われる夜間離着陸訓練を繰り返し、周辺住民は夜間・早朝の爆音に悩まされてきました。

アメリカが厚木基地の滑走路拡張を日米合同委員会で要求したのは、一九五六年初めです。このとき日本政府は、滑走路の北側と南側の三〇五万九千平方フィート（九三二三万三八二三平方メートル）もの土地を提供することをアメリカに約束しました。米大使館の報告によれば、一九五八年一〇月の第一九七回日米合同委員会では、さらに南側八〇エーカー（三二・三七六平方キロ）の土地を提供することに合意しました。

◆安全保障情報、東京・アメリカ大使館から国務省へ、番号六八一、一九五八年一二月一七日、秘密、主題：第一九九回日米合同委員会

厚木海軍基地の滑走路拡張。在日米空軍の一致した要求として施設分科委員会により、覚書が合同委員会に提出された。覚書は、一九五六年初めにつくられたもので、厚木海軍基地の滑走路を延長するために北側と南側の土地の追加提供を求めている。覚書によれば、米側要求の主要部分に合致するように滑走路のために、日本側は三〇五万九千平方フィートの土地を提供し、米側が要求する他も部分はさらに今後の決定とすることに同意した。

コメント：一九五八年一〇月三〇日開催された第一九七回合同委員会では、丸山調達庁長官は、日本側が厚木の土地を米側に提供するために迅速に行動できるように、米側が要求するようオフレコで提案した。（中略）とりわけ立川空軍基地の滑走路延長のための土地測量で

一九五六年一〇月に起きた反対運動や流血事件（注）のことを考慮して、土地の獲得が広く知られないで実行されていることは、きわめて重要なことである。

Security Information, From American Embassy, Tokyo to Department State, No.681, December 17, 1958, Confidential, Subject : 199th Meeting of United States-Japan Committee, RG59, 1955-59

（注）アメリカ大使館の安全保障情報が書いている一九五六年一〇月の流血事件とは、警官隊が地元町民や支援の労働者・学生に襲いかかった砂川事件のことです。

一九六〇年一〇月二六日の安全保障情報でマッカーサー駐日大使は、日米合同委員会で日本政府が深刻化する爆音・騒音問題への対応として、住民の怒りをカネで、すなわち日本国民の税金で抑え込む方針を提起したことを、次のようにワシントンに報告していました。

◆安全保障情報、マッカーサーから国務省へ、番号四八二、一九六〇年一〇月二六日、極秘、
主題：アメリカの海外軍事基地システムの年間再検討

ジェット機基地の騒音問題。ジェット・エンジンの騒音は米軍基地周辺地域で引き続き困難をもたらしている。最近は神奈川県大和市近くの厚木海軍航空基地で最もきわどい問題になってきた。基地司令官、在日米空軍司令部、日本政府および大使館は、騒音を減らすよう地方住民の代表から真剣な訴えを受けてきた。訴えやアピールはこれまでは政治的動機によるものではなく、主として騒音の大きさが受け入れられないことに起因しているが、騒音が緩和されないなら、左翼が指導権をとり、基地反対宣伝の材料に効果的に使うだろう。政府は、問題を抑え込もうとするなかで、三億一七〇〇万円の政府資金をかけて、最も直接の影響を受けている一三八軒を立ち退かせる計画を承認した。九月二九日に、合同委員会で日本側代表は、厚木騒音問題を研究する小委員会を立ち上げることを提案し、米側代表から後ほど同意された。

Security Information, From MacArthur to Department of State, No.482, October26, 1960, Secret, Subject : Annual Review of United States Overseas Military Base System, RG59, 60-63

＊安保改定でどうなったか

一九六〇年の安保改定では、岸内閣が「自主性の回復」をその看板にしたわけですから、このような日米合同委員会は、まっさきに廃止されて当然でした。しかし、廃止されるどころか、アメリカと日本の政府が国民に隠れて何でもできる機関として、いっそう重要な役割を果たすことになりました。

一九五八年から始まった安保改定交渉の中では、日米合同委員会の問題は問題にもされませんでした。

一九五九年四月二九日の国務長官あてマッカーサー秘密公電によれば、一九五二年二月二六日の行政協定交渉の中で、同協定の実行にかんしては日米合同委員会が指針となることに日本政府が同意しました。行政協定の条文をあれこれ解釈するよりも、すべての問題を日米合同委員会で協議し決定すればよい、ということです。

この公電はまた、地位協定第五条の（通行料金など）関連条項を含めて合意議事録の最後の条項は唯一の例外として、全体として指針となる日米合同委員会に［問題を］送るのがベストであると述べています。

◆公電、マッカーサーから国務長官へ、番号二三四一、一九五九年四月二九日、秘密

米側が発議した交換公文で、現在の行政協定に付随する［ラスク—岡崎］合意議事録は新合同委員会に引き継がれる。日本側は回答し、われわれの理解を確認した。

［テキスト開始］（引用者注—日本側回答）

「本日調印された施設および区域と在日米軍の地位にかんする行政協定について言及する光栄を有します。協定第二五条のもとで、合同委員会は協定の実行にかんして互いに必要とするあらゆる問題について両国間で意思疎通をはかる手段として設立されます。

「一九五二年二月二六日に開催された、日米安保条約第三条にもとづく行政協定の交渉のための合同委員会の公式議事録は、［行政］協定を実行するための指針として合同委員会で用いられるべきであるということが、わが政府の理解であります。
あなたが貴国政府にかわって上述の理解を確認してくだされば光栄であります」
［テキスト終わり］
提案の理由。藤山は、新協定のもとで適当な条項を選び出す努力をして再交渉するよりも、
［米側］提案を受け入れた。新協定の解釈については、合同委員会を指針として、そこに完全に送るのがベストだということである。上記についての唯一の例外は、［行政協定］第五条にかんする合意議事録の最後の条項である。日本政府は協定に（通行料の）関係条項を含めることを望んでいる。（注）

Telegram, From MacArthur to Secretary of State, No, 2341, April2, 1959, Confidential, RG59, Central Decimal Files, 1955-59

（注）地位協定第五条は、米軍の艦船、航空機、車両などが日本の港湾、空港に出入りし、あるいは基地間を移動する権利を定めたものです。地位協定に関する日米間の合意議事録は、一九六〇年一月一九日に岸首相とハーター国務長官が地位協定に調印した際に合意したものです。その中で、第五条については、「日本国の法令が適用される」と明記しています。地位協定第五条のこのような規定は、占領下に結ばれた行政協定当時からありました。一九五二年一〜二月の日米行政協定交渉で日米がなぜ日本の国内法を適用するという合意をしたのかという理由について、私はアメリカ

国立公文書館に保管されている統合参謀本部の交渉記録を調査することにより明らかにしました。（『対米従属の正体』一一九～一三八ページ「地位協定第五条の過去と現在」）

このように現行安保条約・地位協定のもとでさらに役割を強めた日米合同委員会には、日本国民にとってさらに重大な役割があります。それは憲法や法令に違反することが、ここで決定され処理される仕組みです。ここでは協議の内容もその決定も、日本国民には秘密にされますから、いくらでも日米間で秘密の取り決めができるということです。

書籍情報社の矢部宏治氏は「防衛省・外務省・法務省を中心とした日本政府の高級官僚たちが、在日米軍のトップたちと二週間に一度、会合をもち、日々、密約を結んでいる。そしてその密約のなかのあるものは検察や裁判所へ伝えられ、求刑や判決の結果を左右している」と指摘しています（『沖縄・米軍基地観光ガイド』二〇一一年六月一五日、二六六ページ）。

日米合同委員会は、日米両国政府の外務、防衛両省の役人のほか、在日米軍司令部などの軍人が出席して、米軍の駐留やその行動、基地から起きる様ざまの問題を協議します。

米軍にとって譲歩となることも、たまに発表されることがあります。しかし、それも実行されるのは最初のうちだけで、しばらくすると、もとの木阿弥《もくあみ》になることが少なくありません。

日米合同委員会は一九六四年四月に、横田基地の隣接地では、最低飛行高度をジェット機は六一〇メートル、プロペラ機は三六〇メートルとする規制措置をきめました。しかし、まもなく地元では「守られたのは最初のうちだけ」「いまでは一五〇メートルくらいではないか」とする声があがりました（朝日新聞一九六四年七月二三日）。
神奈川県厚木基地や東京・横田基地の周辺住民が、早朝・夜間の米軍機飛行差し止めを求めた訴訟で二審の東京高裁は一九九三年一一月、午後一〇時から午前七時までの飛行を禁止する和解勧告を出し、原告の住民と被告の国がこれを受け入れました。これを受けて、日米合同委員会は、原告・住民と被告・国が合意した飛行時間短縮を決定し、外務省が記者会見をして発表しました。それなのに、いま厚木基地や横田基地の爆音訴訟では、米軍航空機の早朝・夜間の飛行差し止めそのものを、裁判所が拒否しています。

＊「こんな国はどこにもない」

沖縄施政権返還を前にした一九七二年四月、アメリカ大使館のリチャード・スナイダー一等書記官は、インガソル大使に提出した覚書で、日米合同委員会での軍事司令官と日本政府の関係は異常であり、日本と同じ協定をアメリカと結んだ台湾、韓国を除いては、こんなことを決めている国は世界中どこにもないと指摘しました。

◈覚書、リチャード・スナイダー一等書記官からインガソル大使へ、一九七二年四月六日、部外秘、主題：沖縄復帰後における在日米軍の日本政府との関係の再組織

合同委員会のメカニズムにある在日首席軍事司令官と日本政府の関係は、きわめて異常なものである。それが異常なのは、［アメリカの］韓国との安保条約（一九六七年二月九日、TIAS【注】六二二七）および中国［台湾の中華民国─引用者注］との（一九六六年四月二日、TIAS五九八六）との安保条約が、日米安保条約をモデルにしているという事実のためではない。われわれが決定できるあらゆる他のケースでは、アメリカの軍事当局にとって関心がある問題は、受け入れ国の中央政府の文民部門に掌握されなければならず、伝統的な外交チャンネルに関わっている大使館によって処理されなければならないということである。たとえしばしば軍事顧問が支援するとしても、である。

要するに、日本では、もともとまだアメリカ大使館が存在さえしていなかった占領中に任命された、米軍部と政府を代表する文民との間の、異常な直接の関係が存在しているのである。

Memorandum, From Richard L. Sneider to Ambassador, April 6, 1972, Official Use Only, Subject : Reorganization of United States Forces Japan Relationship with GOJ in Aftermath of Okinawa Reversion, RG59, Def15, Japan-US

（注）TIASはアメリカ政府発行『国際法規集』Treaty International Acts Series の略

═

ロバート・インガソル大使はその翌月、アレクシス・ジョンソン国務次官に秘密書簡を送り、合同委員会が一九五二年四月二八日に設けられた当時から、極東米軍という、日本の領域外で軍事活動する米軍司令部が、あらゆる軍事問題を日本政府と直接扱う異常さを指摘しました。

そして、日米合同委員会の米側代表としては、〔自分は〕大使館の公使を指名するつもりだが、合同委員会は現実には在日米軍の将校で占められており、一九五七年のダレス―ウイルソン覚書を撤回するか、新たな国務―国防覚書を書くか、と迫りました。

◆覚書、インガソル大使からアレクシス・ジョンソン政治問題担当国務次官へ、一九七二年五月一〇日、秘密

合同委員会は、平和条約に付随する行政協定のもとで一九五二年四月二八日に設立され、同日実施された。日本の領域外における軍事活動と軍隊としての極東米軍司令官の異常に広範な責務と、さらに国連軍司令官としての責務が、一九五二年四月二三日のトルーマン大統領の覚書で委ねられ、あらゆる軍事問題を日本政府と直接扱う権利が司令官に与えられることになった。そして、合同委員会の米側代表に指名されることになった。アメリカの大使は、合同委員会の交渉の状況を知らされ、合同委員会の米側で作業する政治職員を提供するという関係になったわけである。

一九五二年四月二三日のトルーマン大統領の覚書は、在日米軍司令官（ＣＯＭＵＳ　Ｊａｐａｎ）が日本の外での軍事的責任をもたなくなったことにより、一九五七年八月三日にアイゼンハワー大統領によって取り消されたが、合同委員会の米側代表を指名する在日米軍司令官の権利はダレス長官とウイルソン（国防）長官の同日の覚書により維持された。このような関係は、米軍地位協定（ＳＯＦＡ）が一九六〇年一月一九日に、相互協力安全保障条約とともに調印されたのと同時に設けられた。合同委員会は、［地位］協定を実行する上で相互に協議することを必要とするあらゆる問題、とりわけ米軍の施設及び区域についての両政府間の協議機関として再確認された。（中略）

沖縄の復帰にともない、米軍占領の最後の様相はなくなるが、アメリカの側では、大使館は、実際には占領時代に由来する合同委員会の構成を考慮しながら、安保条約と基地の問題に対処しなければならない。米側代表は、在日米軍司令部が関わっているよりも、大使館がもっと深く関わっている政治、経済の諸要素に敏感で、もっと対等であることを保証する必要があると私は思う。（以下略）

Memorandum, From Robert S. Ingersoll to Alexis Johnson, Under Secretary for Political Affairs Department of State, May 10, 1972, Confidential, RG59, Def15, Japan-US

インガソル駐日大使は翌日一九七二年五月一一日には、国務省の東アジア太平洋問題担当マーシャル・グリーンに一通の秘密書簡を送りました。日米合同委員会のアメリカ側代表を交替させるよう、国務省の支持と実行を訴える書簡でした。

◈書簡、ロバート・インガソル大使から、マーシャル・グリーン国務次官補（東アジア太平洋問題担当）へ、一九七二年五月一一日、秘密

日米合同委員会の米側代表を入れ替えるという私の提案に対して、あなたが敏速かつ十分な支持を与えてくださっていることに、お礼を申し上げたいと思います。（中略）

合同委員会代表の入れ替えを進言した論拠についての大使館の覚書全文のコピーを、ディック・エリクソン〔国務省東アジア局日本部長〕とジョン・ケリーにそれぞれ送りました。

Letter, From Robert S. Ingersoll to Marshall Green, Assistant Secretary of State, Bureau of East Asian and Pacific Affairs, Department of State, May 11, 1972, Confidential, RG59, 1970-73, Def15-4, Japan-US, Joint Committee File

＊大使館は口出すなと太平洋軍司令官

次いで一九七二年六月、インガソル駐日大使は、ロジャーズ国務長官あて秘密公電で、日米合同委員会について、太平洋軍司令官（ＣＩＮＣＰＡＣ）が五月二九日に同司令部の見解を送ってきたとして、その内容をワシントンの国務省に報告しました。

◈公電、インガソル大使から国務長官へ、番号一二一一六七、一九七二年六月一二日、午前

六時四六分、秘密、主題：地位協定・合同委員会の米側代表の交替提案

要約：大使館は地位協定・合同委員会の米側代表を指名する権限の変更にかんする提案に関して、在日米軍および太平洋軍司令部と協議してきた。在日米軍も太平洋軍司令部も、提案に抵抗し、変更しないよう勧告している。（中略）

ＣＩＮＣＰＡＣ（太平洋軍司令官）は五月二九日、大使館に司令官の見解を送ってきた。その中で国務省が考慮すべきだと思われる見解は次の通り。

Ａ　合同委員会は、こまごまとした、たくさんの作業に深く関わっているが、その詳細は軍事部門のルートでうまく処理されている。大使館の政治部門と軍事部門の参事官は、合同委員会の決定が拘束力をもつ前に、その行動に影響を与えることが許されている。

Ｂ　在日米軍の参謀本部は、軍事的な柔軟性と敏感性を確保するために、同委員会の諸問題を処理することに深く関与している。

Ｃ　合同委員会においては、軍指導部は、時間のかかる、技術的な、そして大使館の平素の負担を軽くすることによって、大使館が日本で全般的国家目的をはたす上で、より大きな柔軟性を提供している。

Ｄ　合同委員会は、うまく組織されており、日本政府がその変更を求めている形跡はない。アメリカ政府は、合同委員会の構造をより公式的なものにするような動きに陥るべきではなく、したがって、日々の諸問題を解決する合同委員会の能力を低下させたり、安全保障協議委員会

の全般的な重要性を妨げたりすべきではない。

E　軍事当局の共同議長は、三軍が作戦能力と緊急事態対応能力をたかめるために必要なことを、合同委員会に提案する。

Telegram, From Ingersoll to Secretary of State, No.12111167, June 12, 1972, 6:46am, Confidential, Subject：Proposed Change of US Representation on SOFA Joint Committee, RG59, Def15-3, Japan-US

一九七〇年に入ると、ベトナム戦争の激化にともない、日本各地の米軍基地の動きが激しくなりました。そして、航空機の爆音や振動、環境汚染などに対する周辺住民の抗議が増えました。インガソル大使はたくさんの報告書を書いて、アメリカ軍の駐留や基地の問題で、日本国民の怒りがいかに高まっているかということを繰り返し報告しています。

一九六七年に東京で革新都政が生まれたのを皮切りに、七一年の統一地方選挙では大阪府をはじめ川崎、吹田、高松などに革新市長が生まれ、さら各地の革新自治体がどんどんふえました。

都道府県や市町村など自治体には、アメリカ政府との密約も日米合同委員会での秘密の合意も通用しません。各地の自治体は、住民の声をうけて、米軍基地に対しても抗議と要求をどんどん出すようになっていきました。

米軍の行動による被害が大きな政治問題になる場合は、政府は何をしているのか、などと抗議が殺到します。

米軍基地をめぐり日本各地で続発する紛争に手を焼いたインガソル大使は、このような状況を放置しておくことは適当ではないと考えたのでしょう。日米合同員会の米側代表を交替させることについて、本国の国務省に提案するとともに、日本駐留のアメリカ軍を指揮している太平洋軍司令官にもそのことを訴える書簡を送りました。インガソル大使が国務長官に報告したのは、それに対する同司令官の回答です。

インガソル大使の国務長官あて公電でみると、太平洋軍司令官の回答は、要するに、米軍の問題については軍事部門のルートで連絡し合ってやっており、作戦能力や緊急事態に対応する能力を向上させるために忙しいのだ、日米合同委員会のことは軍のほうでちゃんとやるから、大使館は「全般的な国家目的」をはたすようがんばってくれ、日米合同委員会を公式的なものにしないで、柔軟さや機敏さが求められる軍事のことには、口を出さないでくれ、ということです。

＊戦車阻止闘争で日米合同委員会は

ベトナムの戦場に送られる戦車を積んだ大型トラックが横浜市の村雨橋で阻止される事件が、一九七二年夏にありました。

この事件について、私はインガソル大使と国務長官とのやりとりや米国務省と国防総省の関係を、アメリカ政府の秘密解禁文書によって明らかにしました（『対米従属の正体』一〇一～一一三ページ）。

日米合同委員会では、この問題でどのような議論があったのか、その後も、アメリカ国立公文書館で調査しました。

太平洋軍司令部のファイルを丹念《たんねん》に調べると、わずかですが、記録が見つかりました。

それによると、戦車阻止事件に先立って、一九七二年六月八日に開かれた日米合同委員会では、相模補給廠と横浜港ノース・ピア間の戦車を積んだ大型車両の輸送について、日本側が道路管理者や神奈川県警との協力を米軍に要請していました。

戦車を積んだ大型車両は、車幅も総重量も、国道一六号線の制限をこえていました。総重量は四〇トンの重量制限をはるかに超える七八トンありました。それが国道一六号線を通行することは道路法に違反することを、政府も知っていました。

しかし、日米合同委員会で日本側は、そのことを問題にして、違法な車両の通行はできないとは言いませんでした。出席した吉野文六外務省北米局長は、リー司令官に謝意を表し、あいさつをかわしただけでした。

◆東アジア局日本課・レビンから大使館副主任、政治・軍事担当ハワード・メイヤーズ経由、インガソル大使へ、一九七二年六月一四日、主題：一九七二年六月八日の合同委員会の状況

輸送規則情報—日本政府は、輸送と道路使用の問題で、米軍が地方道路当局と協力するよう要請する覚書を提出した。とくに日本政府は、戦車と重車両が国道一六号線を補給廠—横浜港ノース・ピア間を通行する上で相模補給廠が神奈川県警と協力するよう要望した。今回は双方の共同議長、吉野［文六北米局長］氏とリー司令官の最後の会合で、両氏は感謝とあいさつの言葉をかわした。

To Ambassador, From Levine, DCM (Deputy Chief Mission), via Pol-Mil, Howard Meyers, June 14, 1972, Subject : Joint Committee Status Report for Meeting on June 8, 1972, RG59, Def15-4, Japan-US

一九七二年一〇月には、東京都にある米空軍立川基地から重油が多摩川に注ぐ残堀川に流出する事件があり、東京都は同基地への立ち入り調査を要求しました。

沖縄の那覇市長、東京の立川市長、神奈川の横浜市らによる全国革新市長会軍事基地対策委員会は基地立ち入り調査権を認めるよう政府に申し入れました。

インガソル大使は戦車阻止闘争を受けて、一九七二年一一月一〇日にロジャーズ国務長官に送った報告書のなかで、「米軍基地にたいする民衆の否定的態度が成長している」と、つぎのように指摘しました。

◆書簡、インガソルから国務長官へ、一九七二年一一月一〇日、秘密、主題：米日安保関係：変化する日本の態度反基地感情は、人口が密集する地域社会の高価な不動産・土地を、多くの基地施設が占拠しており、これらの基地がしばしば航空機の騒音、安全を損なう危険、その他の環境問題の元凶になっているという事実から起きている。同時に、それぞれの地方の地域社会の経済的価値を相対的に落とし、仕事や収入を得る手段が損なわれている。（中略）

二つの独立した新たな情勢――沖縄返還後の調整と北ベトナム爆撃再開に伴うベトナム戦争反対の高揚――は、日本国内の基地反対活動を新たな水準に押し上げた。土地収用、汚染物処理、労働関係、水道供給契約をめぐる問題は、日本政府とアメリカの双方に困難な法律的、政治的問題をもたらした。

ベトナム［戦争］に関わる最近の基地問題の中で最も注目されるのは、米陸軍相模補給廠とのルートに影響する情勢であった。ベトナム向け米軍戦車の船積みが、八月に左翼のデモによって横浜で阻止され始めたのだ。デモ隊は、横浜の飛鳥田一雄《あすかたいちお》社会党市長に支持され、アメリカ軍が国内法に違反して地方道路を使用しているという理由にもとづいて、戦車の船積みを阻止することに成功したのである。最初に阻止してからは、船積みに反対する理由は広げられて、それがベトナムに向けられているという事実に対する異議を含むようになった。事件は、地方当局を励まして、相模補給廠を閉鎖して、ほかの場所に移すようにと要求させることにもなった。

飛鳥田市長は、日本政府を困らせ、安保条約と米軍駐留に反対する社会党の運動を進めるテコに頑固に利用したのだが、そうした飛鳥田市長をどう扱うかという政治問題とともに、戦車の船積み問題は難しい問題に日本政府を直面させることになった。

日本は地位協定のもとで基地間を通行する権利をアメリカに与えているので、われわれが日本の法律に従っている限りは、地位協定の義務を、いかに米軍に対する国内法の要求と一致させるかという難問をつきつけられたのだった。

Airgram, From Ingersoll to Secretary of State, November 10, 1972, Confidential, Subject：U.S.-Japan Security Relationship：Changing Japanese Attitudes, RG59, Subject-Numeric Files, 1970-73, Pol&Def-1, Japan-US

当時、田中角栄内閣は一九七二年一〇月一七日に米軍物資を運搬する車両については、車両制限令の適用をやめ、とにかく米軍戦車を横浜港に運んで船積みできるようにしました。米軍が道路法の定める重量制限や車幅制限の守らなくてもいいようにしたわけです。これは、米軍が日本の法令に違反していることを自ら証明するものでした。

4　マッカーサー公電が語る北富士のたたかい

日米合同委員会は、基地の問題でどのような仕事をしてきたでしょうか。アメリカ政府の秘密解禁文書によって、日米合同委員会の決定で米軍基地にされた土地取り上げの実態を見ましょう。

＊富士山が許さんよ

いまは世界遺産に登録され、内外の観光客や登山家でにぎわう富士山ですが、山麓には自衛隊の広大な北富士演習場と東富士演習場があります。地元ではそれぞれ「キャンプマクネア」「キャンプ富士」と呼んでいますが、米軍は富士山の裾野に広がる二つの演習場を一つにして、「富士マクネア」と呼んでいました。

観光の名所である富士山は、平和条約が発効すれば、当然、日本に返還されると、だれもが思っていました。ところが、引き続き米軍が演習場にするというニュースは、内外に大きな驚きをもって受けとめられました。

第二次世界大戦中、京都、奈良の文化財を米軍の爆撃から守れと主張して、神社、仏閣や古い街並みなど歴史的遺産の恩人といわれるボストン美術館教養部長、ワーナー博士は一九五二年八月、東京の国立博物館で「そんなことになったら、富士山が怒ってまた噴火するだろう。富士山が許さんよ」と鋭い皮肉で批判しました（朝日新聞一九五二年八月一二日）。

両演習場とも、一九五五年ころから東京の米大使館とワシントンの国務省の間で書簡や公電によ

米大使館が撮影した富士山と横断幕。RG59, 1955-59（1955年、富士吉田市）

る大量のやりとりがあります。地元住民の反対運動に、アメリカは手を焼いていたからです。

北富士演習場では、演習場の拡張に反対して、地元の住民が座り込みを始めました。米軍は一九五五年、これを無視して射撃訓練を強行し、怒りが大きく広がっていました。

沖縄の基地は上陸した米軍がハーグ陸戦法規に違反して占領中に土地を没収し、あるいは戦後の軍事支配下で銃剣とブルドーザーで暴力的に奪ったものですが、本土では、多くが戦前戦中に旧日本軍がつくった基地を、占領軍が接収し、占領が終わった後も、安保条約により米軍基地とされたものです。それが、一九六〇年以来の現行安保条約の下でも存続し、日本側に返還された後も、多くは自衛隊によって引き継がれ、それを今また米軍が使用するに至っています。

一九五七年に米陸軍三等特技兵ジラードが日本の

女性を背後から射殺しながら、密約で事実上の無罪放免となったジラード事件で有名な群馬県の相馬ケ原演習場など、全国の多くの米軍基地がそうした経過をたどっています。富士山麓の北富士演習場、東富士演習場もそうです。

＊忍野村村民の抵抗

このうち山梨県南都留郡忍野《おしの》村忍草《しぼくさ》部落の農民は、米軍キャンプの前で「富士を返せ」と唱和して、デモ行進を繰り返し、一九五五年以来、着弾地点への座り込みを決行しました。

一九五八年一二月の第一九九回日米合同委員会では、海兵隊の富士マクネア演習場が主要議題の一つとなり、三五〇〇軒の農家から一万エーカーにおよぶ土地を奪うことが話し合われました。ここでも、出席した森治樹外務省北米局長が、富士マクネアが議題になったことを秘密にするよう求めています。

◆安全保障情報、大使館・東京から国務省へ、番号六八一、一九五八年一二月一七日、秘密、主題：第一九九回日米合同委員会

富士マクネアの海兵隊演習（米側提出）　米側代表は、一月一六日に第三海兵隊の部隊が沼津海岸―富士マクネア演習場で上陸演習を行うことを通知する覚書を提出した。（中略）

コメント：日本側代表の森［治樹］氏は、プレスには公表しない、そして、プレスから質問

された ら、日本政府は演習が間近になれば事前に通知されると答える、と述べた。

Security Information, From American Embassy, Tokyo, to Department of State, Washington, December 17, 1958, Confidential, Subject : 199th Meeting of United States-Japan Joint Committee, Summary Report, December 11, 1958, RG59, 1955-59

入会権は、地元の農民が山林原野を薪炭・肥料用の雑木・雑草を採取するために、鎌倉時代、戦国時代からもっている権利です（桜井真作『入会権は生きている』山梨学習協、二〇一二年一月三〇日）。富士山北麓《ほくろく》は一七三六年以来、現在の富士吉田市、山中湖村、忍野村の入会地として認められ、明治以降は「恩賜林」として入会権が確立されてきました。北富士では、かなりの土地が山梨県の県有地であり、県が農民に使用権を設定していました。

戦後米軍が接収した北富士演習場は、占領が終わってもそのまま米軍が居すわり、日米合同委員会は一九五三年九月二四日に米軍の使用を決めました。しかし、これはアメリカ政府と日本政府の間では有効だとしても、国民の権利を消滅させることも規制することもできません。財産権としての入会権を制限・消滅させる法的措置のない米軍基地への変更は、完全に違法でした。

さらに一九六〇年の安保改定により、一九五三年の日米合同委員会決定も効力を失いました。この時点で、日米合同委員会は、北富士演習場について現行安保条約・地位協定にもとづく法的手続きをとったことを、国民に明らかにしたわけでもありません。日本国憲法・法令にもとづかないで、米軍人の専横がまかり通る日米合同委員会の盲点でした。忍野村の村民は一九六〇年七月一一日、新安保条約と地位協定にともなう賃貸借契約の無効を申し入れました。

マッカーサー駐日大使も、米軍が違法状態で演習を続けていることを知っていました。

◆書簡、マッカーサーから国務長官へ、番号Ｇ─一〇四、一九六〇年八月二日、極秘

攻撃する人たちは、調達庁と地方住民の間にできている射撃場の賃貸借関係は旧行政協定のもとで交渉され、その契約は地位協定が発効した時点で無効になったのであり、日本側と米軍の間で契約が再協議されるまでは違法である、と主張している。このため、いま計画している演習を中止し、賃貸協定の再交渉をすることを要求している。とくに、彼らは、現在予定されている米海兵隊による演習と米第七艦隊が八月二日から九月三〇日まで予定している演習の中止を要求している。

Airgram, From MacArthur to Secretary of State, No.G-104, August 2, 1960, Secret, RG59, 1960-63, Box2174

＊モンペにすげ傘の「母の会」女性たちは

山梨県忍野村の村民は、国有地にある入会権の回復をめざして一九五五年以来、梨ケ原の着弾地に監視小屋を建てました。カスリ（絣）のモンペに菅傘《すげかさ》の「母の会」の女性たちは、長期にわたり座り込みました。

◆書簡、マッカーサーから国務長官へ、番号G―一一六、一九六〇年八月四日、秘密

抗議行動は、富士マクネアで演習場と射撃場における米海兵隊と自衛隊の射撃訓練に反対して続いている。八月一日には、忍野村の忍草母の会のおよそ三〇人の女性たちが、七月二九日いらい着弾地に泊まり込んでいる忍野村民に加わった。

女性たちは、自衛隊が八月一日から六日まで予定していた射撃演習を中止すると発表したあとで、八月二日遅くなって着弾地を引き揚げた。しかし、泊まり込みの人たちは「監視隊」として、二四時間態勢で残っている。これは地方住民による妨害行動が自衛隊の行動を中止に追い込んだ最近では二回目の事件である。

新聞は、三〇〇人の村民が八月九日に「強力なデモ」をやることを決めたと報じている。その時は、薪を集めて、米海兵部隊が予定している射撃訓練を阻止するために着弾地に入ることを計画している。

Airgram, From MacArthur to Secretary of State, No.G-116, August 4, 1960, RG59, 1960-63, Box2174

マッカーサー駐日大使は一九六〇年八月一一日、山梨県の富士山麓で繰り広げられていた、日米

政府の米軍演習場のための土地取り上げと、これに反対する地元農民の抗争の緊迫した局面について、つぎのように国務長官に報告しました。

◆公電、マッカーサーから国務長官へ、番号四六五、一九六〇年八月一一日、午後三時、秘密、国務省受領：八月一一日、午前六時五八分

北富士では、忍野村の人びとが七月二九日以来、射撃場に座り込んでいる。この人たちは、伝えられるところでは、地方のボス・天野重知《しげとも》（天野山梨県知事とは無関係―マッカーサー）の影響下にある。天野は、旅行バス会社をもち、富士マクネアの土地を米軍から取り戻したいと思っている。八月九日の火曜日、座り込みをやめさせるために、天野との交渉に江崎防衛庁長官が指名された。江崎と丸山調達庁長官が八月九日に天野と会った。そして、射撃場から昨日の正午までに引き揚げるよう村民を説得するという約束をとりつけた。

どんな勧誘が天野にされたのかはまだわからないが、外務省は、防衛庁と調達庁が米軍の富士マクネア放出に関与することを要求したと知らせてきた（メディアは、江崎が［日米合同委員会］施設分科委員会での米側との協議で富士マクネアの米軍の放出に努力すると約束したと報じている）。

六〇人の座り込みとともに、悪天候により、八月一〇日朝に北富士で予定していた射撃訓練はできなかった。座り込み隊は、天野と会談していた午後に引き揚げた。大使館は在日米空軍と在日海軍司令部から、午後三時三〇分に射撃が始まったと通報を受けた。
Telegram, From MacArthur to Secretary of State, No.465, August 11, 1960, 3pm, Confidential, Rec'd：August 11:58am, RG59, 1960-63, Box2174

一九六〇年八月九日には、お茶を入れた一升ビンと乾パンを腰につけた農民に、米軍のキャノン砲があわや火をふこうとしたその時に、江崎防衛庁長官と地元代表天野重知との間で、入会権を尊重する約束ができたのでした。

アメリカと日本政府が考えたのは、富士マクネアを自衛隊の演習場とし、それを米軍が使用するという方法でした。東京のアメリカ大使館は一九六〇年一月一九日に、一九五九年一二月一日に開かれた第二二四回日米合同委員会について報告しています。

日本側からは森治樹外務省アメリカ局長らが出席し、占領下に米軍が行っていたことを行政協定のもとでも認めた一九五二年二月の岡崎・ラスク合意議事録（Ⅱ章で説明します）を、地位協定のもとでどうするかという問題を提起し、合同委員会に作業チームをつくって検討することになりました。一九五九年一二月はじめの日米合同委員会のことを、アメリカ大使館が五〇日後の現行安保条約・地位協定の調印日に報告したのは、アメリカ内部でつじつまあわせをしたものとみられます。しかし、この合同委員会のことは、もちろん作業チームの設置もその結果も、日本国民には明らかにされていません。

マッカーサーの一九六〇年八月一一日の公電に対して、ディロン国務長官代理とマッカーサーの間では、つぎのようなやりとりがありました。

忍野村民の座り込み行動に手を焼いた太平洋軍司令部は、北富士演習場の代替地を探すことを考え、日本各地の司令官にその土地を見つけるよう指示したのでした。米軍基地を実際に使用しながら、ほかの基地もつくろうというひつもの手口です。日米合同員会ばかりか、それでうまくいかなければ、「日本政府の最高レベル」とも、在日米軍の要求実現のために動いてきた、というのです。

◆公電、ディロンからマッカーサーへ、番号三三八、一九六〇年八月一九日、午後八時九分、秘密

国防総省は、アメリカに富士マクネアをあきらめさせようとする圧力が大きくなりそうなことに憂慮を表明している。そして、太平洋軍司令部の各司令官は、このユニークで重要な訓練施設にふさわしく替わりになるところを見つけるのに、一九五六年以来成功してこなかったと指摘している。（中略）

国務省は、問題を政府レベルの公的なところへあげる必要はないと考え、通常の合同委員会でまず扱うことが望ましいという太平洋軍司令部の考えに同意する方向である。

Telegram, From Dillon, Acting Secretary of Defense to MacArthur, No.338, August 19, 1960, Confidential, RG59, 1960-63, Box2174

◆公電、マッカーサーから国務長官へ、番号五九二、一九六〇年八月二三日、午後六時、秘密、国務省受信：八月二三日、午前一一時二二分

米軍施設について、日本政府が合同委員会を跳ばして規定をつくるようなことは、太平洋軍司令部が心配する必要などない。そのことは分かっている。外務省は逆に、日本政府が特別の提案を考えた時は、合同委員会の施設分科委員会に提出するつもりである。われわれ［大使館］と在日米軍司令部にも、そのことを強調している。われわれは、それが実行されていることも知っている。

もちろん、われわれはこの手続きを完全に支持しており、われわれの側でも、富士マクネアの問題が通常の合同委員会で、満足のいく解決が得られることを心から望んでいる。

外務省は、富士マクネアの紛争の進行状況について、両国の関係に重要な意味をもつものとして、もちろんわれわれと緊密に連絡をとっている。もしうまく扱えないなら、重大な政治問題に発展するだろう。大使館は、合同委員会や分科委員会で懸案になっている問題について、在日米軍の立場を応援して、外務省と、そして時には日本政府の最高レベルとしばしば相談する機会をもってきた。

Telegram, From Macarthur to Secretary of State, No.592, Agust 23, 1960, 6pm, Confidential, Rec'd：August 23, 11:22am, RG59, 1960-63, Box2174

◈公電、マッカーサーから国務長官へ、番号六三三、一九六〇年八月二五日、午後八時、秘密、国務省受領：八月二五日午前一〇時〇四分

次は昨日、富士マクネア問題について、八月二三日の合同委員会施設分科委員会での日本政府からの公式提案の情報として、外相から私に手交されたテキストである。（中略）

5．この地域固有の種々の問題を解決し、同時に訓練が必要となった場合は再度、合理的な方法と適切な取り決めによりアメリカの訓練要求を満たす方法として、アメリカ政府は次に述べる了解のもとにこれらの地域の放出（release）を好意的に考慮する。

A　富士マクネア演習場の放出については、演習場は正規の施設及び区域として、防衛庁により使用される。

B　日本政府は、上述の条件のもと、協定二条四項Bのもとで在日米軍がたまに使用することを保証する。

Telegram, From MacArthur to Secretary of State, No.633, August 25, 1960, 8pm, Confidential, Rec'd：August 25, 10:04am, RG59, 1960-63, Box2174

＊米軍と自衛隊の共同使用

忍野村の村民は、北富士の入会地をアメリカ軍の演習地にすることに、法と道理にもとづいて、生命をかけて抵抗していました。

米国防総省は、アメリカ政府が窮地に立たされ、ほかに替わりの所を探す必要に迫られていることを告白せざるをえませんでした。それでもやはり、アメリカ政府も日本政府も、日米合同委員会での処理に固執していました。

そして、アメリカ軍による使用に根拠がないことが明らかになってもなお、返還ではなく、放出(release)などという恩着せがましい言い方で、いつでも米軍が戻ってきて使用する権利を、日本政府の公式提案というかたちをとって確保したのでした。

ここに述べられている地位協定第二条四項ｂ（いわゆる２４ｂ）は、日米合同委員会の決定により自衛隊基地を米軍に使用させる条項です。

新原昭治氏のメモ（注）によれば、国務省は一九六八年九月一五日、ラスク国務長官名で東京の大使館に「日本政府が反対しない限り、われわれは地位協定『２４ｂ』について、かなり長期にわたり日本施設の共同使用が許されると広く解釈することを支持するつもりでいる」と述べています。また一九六八年八月二一日に大使館が国務省に送った、在日米軍司令部将校団作成の「自衛隊管轄下の日本の基地を米軍が共同使用することに関する研究メモ」は、富士演習場では地位協定のすべての条項が、第三条の条項を含め、同協定で限定されたものを除き、適用されることが合意されていると述べ、富士演習場の「２４ｂ」適用が「日米共同使用基地」化の本格的始まりとなりました。

(注) 米解禁文書に見る富士演習場返還交渉の背景と経過―一九六〇年～一九六八年（二〇一〇年八月三〇日）。地位協定第三条については、アメリカ秘密解禁文書により、次章で詳しく見ます。

米軍に自衛隊基地を使用させる地位協定第二条4項ｂ（２４ｂ）は、一九五七年に岸首相がマッカーサー大使に約束したものです。フェルト米太平洋軍司令官は翌五八年八月一九日、統合参謀本部あて公電で、米軍の「再利用権」(re-entry right) として、この事実を述べています。

Telegram from the Commander in Chief, Pacific (Felt) to the Joint Chiefs of Staff, August 19, 1958, 12:43pm, Top Secret, FRUS(注), 1958-1960, Vol.28, Japan ; Korea, page55

(注) ＦＲＵＳは、Foreign Relations of the United States『合衆国の外交関係』の略。秘密指定を解除された政府文書を選択・編集して国務省が発行したもの。

米太平洋軍司令部のヒルヤード大佐は一九五八年九月二六日付統合参謀本部あて機密覚書で、「利用・再利用権」として、「この権利を確保することは、関係施設［基地］保持の計画をアメリカに委ねることになる」と、米軍にとっての利点を指摘しました。

Memorandum for Joint Chiefs of Staff, by H. L. Hillyard, Colonel, September 26, 1958, Top Secret, RG 218, 092 Japan (12-12-50) Sec28

今やこの24bを使って、全国各地の自衛隊基地が米軍によって使用され、米軍基地は実質的に一九八〇年代当時より二倍以上に増えています。

これらの経過は日米合同委員会という密室での協議により決められますから、日本国民は知ることができません。日米合同委員会を隠れ蓑にした主権喪失のカラクリが、ここにもあります。

その後、米軍は北富士演習場の使用協定を防衛施設庁とむすび、演習場では自衛隊が砲撃や戦車の訓練に使うようになりました。

一九七一年一二月一〇日に、駐日大使館に提出された報告（Memorandum, From Howard Mayers to Ambassador, December 10, 1971, Limited Official Use, Joint Committee：Status Report on December 9 Meeting, Def15-4, Japan-US）によると、同月九日の第二四三回日米合同委員会では、三沢、横田、岩国、沖縄などの基地とともに、北富士演習場について米軍による排他的使用から自衛隊との共同使用が議題になり、在日米海軍と海兵隊の司令部は提案を注意深く検討すると述べています。

北富士演習場は、いま米海兵隊の実弾射撃訓練場とされて、一五五ミリ榴弾砲《りゅうだんほう》が撃ちこまれています。砲撃訓練は連隊、大隊規模の部隊の指揮や兵站支援を含み、沖縄を拠点に地球的規模で出撃する米海兵隊の実戦的演習になっています。

北富士演習場とともに、北海道の矢臼別《やうすべつ》、宮城県の王城寺原《おうじょうじはら》、静岡県の東富士、大分県の日出生台《ひじゅうだい》で実弾射撃訓練をしている第一二米海兵連隊第三大隊は、海兵遠征旅団の一翼を担う部隊です。

北富士演習場は、沖縄の基地と直結し、米海兵隊が地球の裏側にまで出撃するための訓練場にされています。

北富士演習場には、静岡県の東富士演習場とともに、沖縄の普天間基地に配備されている米海兵隊のオスプレイＭＶ22が飛来しています。米空軍のＣＶ22が横田基地に配備されると、北富士演習場は、東富士演習場、厚木基地や横須賀基地などとあわせて、首都圏は沖縄の米軍基地群と結ぶ、世界的にも米軍の重要な拠点になります。

5　最高裁判所が米軍の無法を支える

＊米軍駐留を違憲でないとした砂川判決

見てきたように、日米合同委員会は、日本政府はもちろん、駐日アメリカ大使も不満を言うほど、アメリカの軍人に牛耳られ、主権者である日本国民の安全や暮らしなどおかまいなし、米軍が自らの軍事戦略最優先で勝手なことができる仕掛けになっています。

その理由ははっきりしています。最高裁判所が、駐留米軍には憲法は適用されないという判決を下したからです。一九五九年一二月一六日の最高裁砂川判決です。

憲法は、最高裁が一切の法律、命令、規則などが憲法に合っているかどうかを判断する権限をもつ、終審裁判所だと書いています（第八一条）。その最高裁が、米軍は憲法の埒外《らち》だという判決を出したのです。

日本の敗戦で占領軍として進駐してきた米軍は、占領が終わった後も、旧安保条約下で日本に居座り、占領軍のように振舞っていました。このため、米軍が直接支配の下に置いた沖縄県はもちろん、本土でも北富士演習場のようなたたかいが全国各地で起きました。最高裁砂川判決は、憲法との関係では、日本に駐留する米軍がそれまでと同じように振舞えるようにしたわけです。

最高裁判決が米軍駐留を憲法違反ではないとした理由は、「駐留米軍は憲法が保持しないと定める戦力ではない」「日本政府は米軍に対する指揮権、管理権をもっていない」ということです。

これは、日本国民の平和、安全、平穏な暮らし、福祉、基本的人権にとって、大変なことです。なぜなら、米軍はこの日本で、軍事基地を設け、飛行機を飛ばし、軍事訓練し、日本の基地から海外の紛争に出撃するなどの軍事活動をしているからです。

この最高裁判決の下で、米軍は憲法も法令もおかまいなしに何をやっても、日本政府は取り締まらず、野放しにしています。それどころか、日本国民の税金をつぎ込んで、アメリカの要求するままに、それを支えています。

その結果、どうなっているでしょうか。

身近な例が、米軍飛行機の超低空飛行です。騒音・爆音の被害や墜落の恐怖で悩み苦しんでいる住民が、「せめて夜間や早朝だけでも飛行をやめて」と裁判所に訴えても、米軍には日本に指揮権、管理権がないから差し止めはできないというのが、最高裁の判決です（米軍機早朝夜間飛行差止め訴訟判決、一九九三年二月二五日、最高裁第一小法廷）。

これでは、米軍の被害に悩む住民がいくら都道府県や市町村の役場に苦情を訴えても、「やめさせて」と要求しても、解決しないはずです。

その矛盾は、厚木基地爆音訴訟で二〇一四年五月と七月に横浜地裁と東京高裁が自衛隊機の早朝夜間飛行を制限しながら、米軍機にはそれを認めないという判決を出したことにより、いっそう際立ちました。厚木基地ではすでに自衛隊機は早朝夜間の飛行を止めており、裁判所が住民に耐えがたいと苦痛を与えているから違法と認定した被害は米軍機によるものだからです。

米軍が日本国内で違憲・違法の行動をしても取り締まらないという最高裁砂川判決の論理はもう破綻しています。

憲法第九条第二項をもういちど読んでみましょう。

「陸海空軍その他の戦力は、これを保持しない。国の交戦権は、これを認めない」。

日本国内には米軍をはじめ一切の戦力を置かないというのは、だれにでも分かことです。もともと日本国憲法は外国軍隊を日本にさせることなど想定していません。従って当然、「陸海空軍その他の戦力に外国軍隊は含まない」とは書いていません。

＊判決は米大使との密談で作られた

最高裁は、なぜ、こんな重大な判決を下したのでしょうか。

田中耕太郎という最高裁長官がマッカーサー駐日大使と、判決について、事前に密談していたのです。田中長官は最高裁砂川裁判の裁判長でした。

立川基地拡張のための土地収用に反対した砂川町民のたたかいは一九五四年に始まり、一九五六年には警官隊による町民や支援の労働者・学生への暴力で「流血の砂川」になりました。そして東京地裁と最高裁で米軍駐留の違憲性をめぐって争われた事件は、一九五九年七月八日に起きました。政府は地元農民を支援した労働者、学生を基地内に不法侵入したとして、数日後に多数を逮捕し、うち七人を起訴した事件です。

東京地裁（伊達秋雄裁判長）は一九五九年三月三〇日、米軍駐留は憲法違反、被告に特別に重い刑を科した刑事特別法も憲法違反として被告全員を無罪としました。有名な伊達判決です。

驚いたマッカーサー大使は翌朝早く藤山外相を呼びだし、高裁を跳ばして最高裁に跳躍上告することを要求しました。そして、マッカーサーは田中最高裁長官と密談して、安保改定調印に間に合わせるよう判決を急がせました。最高裁長官がアメリカ公権力と不正常な関係を持っていた一連の経過は、事件から約五〇年後の二〇〇八年に国際問題研究家の新原昭治氏によって初めて明らかにされました。

マッカーサー大使をはじめアメリカ大使館は、最高裁砂川裁判の動きをそのつど詳しくワシントンの国務省に報告していました。砂川事件の被告弁護団が提出した答弁書や大法廷での弁論内容は直ちに英訳され、マッカーサーやレンハート公使のコメントをつけて国務省に送られました。

大法廷で弁護団は、米軍駐留が憲法違反であることを証明するために、米第七艦隊の艦船が横須賀基地から出て台湾海峡の紛争に出動していることを指摘しました。すると、その弁論は直ちに英訳されてアメリカ大使館からワシントンの国務省に送られ、さらに国防総省や統合参謀本部をへて太平洋艦隊司令部に回送され、そこで反論が書かれました。それが日本に送り返され、米大使館↓外務省↓法務省↓最高検察庁という逆のルートで最高裁大法廷に提出されました。

実は、「駐留米軍は憲法が禁止する戦力ではない」という最高裁砂川判決の理屈も、アメリカ国務省が作ったものでした。

アメリカ国務省は、米軍駐留が一切の戦力を保持しないと定めた日本国憲法と両立しないことをよく知っていました。しかし、米軍駐留を日本をアジアの最前線基地にするために不可欠とするアメリカ政府は、ジョン・B・ハワードという国際法学者を国務長官特別補佐官に任命して、米軍駐留の正当化をはかる理屈を考えさせました。

ハワードは試行錯誤を重ねて沢山の論文や報告書を国務長官に提出しましたが、最後に考え着いて一九五〇年三月三日に国務長官に提出したのが、後に最高裁判決になった理屈でした。

ハワードが考えたこの理屈は、日本に持ち込まれ、日本政府が採用して一九五二年一一月二五日に統一見解とし、砂川裁判で最高検察庁が上告趣意書として最高裁に提出されました。

INCOMING AIRGRAM **Department of State** ACTION COPY

B00339

55-52
Action
FE
Info

SECRET
Classification

PAGE 1 OF 2 PAGES

Date Sent: November 5, 1959
Rec'd:

FROM: Amembassy TOKYO

TO: Secretary of State

NO: G-230

Action Assigned to

Action Taken

Nov 6 4 48 PM '59

SS
G
SP
C
L
H
INR
UMSC
RMR

Rptd Info; CINCPAC G-86 EXCLUSIVE FOR ADM FELT AND POLAD
COMUSJAPAN EXCLUSIVE FOR GEN BURNS

Ref: G-74, August 3, 1959.

LIMIT DISTRIBUTION

During recent informal conversation with Chief Justice Tanaka we had a brief discussion about the Sunakawa case. The Chief Justice said that he now hoped that the Supreme Court of Japan would be able to hand down its verdict by the first of the year although he was not yet certain of this timing. He observed that with a bench of fifteen justices the most important problem was to try to establish some common denominator to approach the case. Chief Justice Tanaka said that it was important that, if possible, all of his associate justices approach the case on the basis of agreed, appropriate and realistic ground rules as it were. He implied that some of the justices were approaching the case on a "procedural" basis whereas others were viewing it on a "legal" basis while still others were considering the problem on a "constitutional" basis.

(I gathered some of the justices seemed inclined to look for a decision on the narrow procedural ground that the court of first instance, the Tokyo District Court under Judge Date, lacked jurisdiction to rule on the constitutionality of the presence of United States forces and had exceeded both its own competence and the specific issue presented to it in the original trespassing offense;

--other justices seemed to feel that the Supreme Court should go further and itself deal with the legal issue posed by the presence of U.S. forces;

FILE

MAY 6 1960

Copy No(s) 5
Destroyed in RM/R
Name Date 5/6/60

SECRET
Classification

REPRODUCTION FROM THIS COPY IS PROHIBITED UNLESS "UNCLASSIFIED"

PERMANENT
RECORD COPY • This copy must be returned to RM/R central files with notation of action taken •

DECLASSIFIED

マッカーサー大使が田中耕太郎最高裁長官との密談内容を国務長官に報告した1959年11月5日の極秘書簡

SECRET

--and others may wish to grapple with the broad constitutional problem whether under the Constitution of Japan a Treaty overrides the Constitution.)

The Chief Justice gave no indication that he believed the lower court's ruling would be upheld. On the contrary, I had impression that he felt it would be overruled but that the important thing was to have as large a majority of the fifteen justices as possible rule on the constitutional issue involved, which, he said, it had been quite improper for Judge Date to pass on.

MACARTHUR

DMacArthur:me;pdc DCM:WmLeonhart

SECRET

最高裁砂川裁判の評議について、田中耕長官と密談した内容を国務長官に報告したマッカーサー駐日大使の極秘書簡（和訳文）

書簡（AIRGRAM）、アメリカ大使館・東京から国務長官へ
番号　G-230
1959 年 11 月 5 日
国務省受領：1959 年 11 月 6 日午後 4 時 48 分
極秘
参考：G-73、1959 年 8 月 3 日
同文情報提供：太平洋軍司令部 G-86、フェルト長官と政治顧問に限定
在日米軍司令部、バーンズ将軍に限定

限定配布

田中最高裁判所長官との最近の非公式の会談のなかで、砂川事件について短時間話し合った。長官は、時期はまだ決まっていないが、最高裁が来年の初めまでには判決を出せるようにしたいと言った。彼は、15 人の裁判官全員について最も重要な問題は、この事件に取り組むさいの共通の土俵をつくることだと見ていた。できれば、裁判官全員が一致して適切で現実的な基盤に立って事件に取り組むことが重要だ、と田中長官は述べた。裁判官の幾人かは、「手続き上」の観点から事件に接近しているが、他の裁判官は「法律上」の観点から見ており、また他の裁判官は、「憲法上」の観点から問題を考えている、ということを長官は示唆した。

（裁判官のうち何人かは、伊達判事を裁判長とする第一審の東京地方裁判所には、合衆国軍隊の合憲性について裁定する権限はなく、自己の権限と、もともと不法侵入という事件について、地裁に提起された特有の争点を逸脱しているという、狭い手続き上の理由に結論を求めようとしていることが、私にはわかった。

他の裁判官は、最高裁はさらに進んで、米軍駐留により提起されている法律問題それ自体に取り組むべきだと思っているようである。

また、他の裁判官は、日本国憲法のもとで、条約は憲法より優位にあるかどうかという大きな憲法上の問題に取り組むことを望んでいるのかもしれない。）

田中最高裁長官は、下級審の判決が支持されると思っているという様子は見せなかった。反対に、それは覆されるだろうが、重要なのは 15 人のうちのできるだけ多くの裁判官が憲法問題に関わって裁定することだと考えている、という印象だった。こうした憲法問題に伊達判事が判決を下すのはまったく誤っていたのだ、と彼は述べた。

マッカーサー

抜粋して紹介します。

◆覚書、ジョン・B・ハワード、一九五〇年三月三日、極秘、主題：軍事制裁に対する日本の戦争放棄の影響

日本国以外の国により維持され使用される軍事基地を日本に可能にするのは、憲法の範囲内であり、日本が軍隊または「戦力」の保持を求めたことにはならず、国権の発動たる戦争と武力による威嚇又は武力の行使による軍事制裁に関与したことにもならない。

そのような憲法解釈には次のことが含まれる。すなわち、日本が保有しないという「戦力」とは日本の戦力であって（中略）、アメリカとの協定により保持される戦力ではない。

Memorandum, John. B. Howard, March 3, 1950, Secret, Subject：Effect of Japans Renunciation of War on Japanese Constitution to Military Sanctions, RG59, Lot File 56, D423, Box8

私が二〇一一年秋に、アメリカ国立公文書館で発見したマッカーサーの機密書簡を七二～七三ページに、その日本語訳を右ページに載せました。田中耕太郎最高裁長官との密談内容を国務長官に報告したものです。

田中耕太郎長官は、砂川判決より四〇日ほど前のマッカーサーとのこの密談で、大法廷一五人の裁判官の事件への対応が法律上、手続き上、憲法上と分かれているが、全員が一致して適切で現実的な基盤にたって取り組むことが重要だと述べました。

農民で砂川町基地拡張反対同盟の副行動隊長だった宮岡政雄氏は、最高裁砂川裁判大法廷の状況について、「政府は結審を急いでおり、最高裁も九月一八日に弁護を終わらせ、九月末日には判決を行う予定であったが、判事の意見が分かれ、結局多数意見が出たのは一二月一六日だった」（『砂川闘争の記録』二〇〇五年七月二五日、御茶の水書房一四九ページ）と書いています。

一九五九年九月一七日に弁論を終えた最高裁は、時を置かずして一五人の裁判官による評議に入ったと思われますが、マッカーサーに田中長官が密談で述べたところによると、マッカーサーが密談の報告をした一一月五日になっても、裁判官の意見は分かれていたことがうかがわれます。

はたして、一九五九年一二月一六日に出された最高裁判決では、米軍駐留を憲法違反としないことについては、少数意見も補足意見も出されず、全員一致の判決でした。評議では意見が分かれていたのに、結局、憲法問題に関わって裁定したのです。

このためマッカーサーは同日夕刻午後六時の秘密公電で「日本の防衛力の引き続く発展にとっても重要」「日本の司法の画期的出来事」と称賛しました。

最高裁砂川裁判は、安保条約による米軍駐留は憲法違反とする伊達判決を覆すための裁判でしたから、争われたのは米軍駐留が合憲か違憲かということでした。このため最高裁判決も、主に米軍駐留を憲法違反ではないという結論を出すために書かれています。

判決は、憲法は固有の自衛権を否定していないとして、他国に安全保障を求めることを禁ずるものではないとした上で、憲法第九条第二項が禁止した戦力とは、わが国が主体となって指揮権、管理権を行使し得る戦力をいうものであり、外国の軍隊はわが国に駐留するとしても、ここにいう戦力には該当しないと述べています。これは先に紹介したハワードの〝理論〟をそのままもってきたものです。

（最高裁砂川判決の判決文は、最高裁判所刑事判例集第一三巻第一三号の三二二五〜三二三一五ページに載っています。）

＊マッカーサーを喜ばせた統治行為論

一方で最高裁砂川判決は、日米安保条約について、その内容が違憲なりや否かの法的判断は、司法裁判所の審査には原則としてなじまず、一見極めて明白に違憲無効であると認められない限りは裁判所の司法審査権の範囲外のものと述べています。

これは統治行為論と言われているものです。

これはマッカーサーをさらに喜ばせました。マッカーサーは判決翌日の国務長官あて秘密公電で、この判決の重要な意味を次のように報告しました。

◈公電、マッカーサーから国務長官へ、番号一九二一、一九五九年一二月一七日午後六時、秘密、

国務省受領：一二月一七日午前四時五三分

最高裁の砂川事件についての全会一致の判決は、米軍の日本駐留を日本国憲法のもとで合法(legal)であるとしたもので、これはもちろん途方もなく役立つ成果である。それに劣らないほど重要なのは、条約の合憲性の問題は「政治」問題であり、司法審査の対象ではないとする最高裁の判決である。一五人の裁判官による全会一致の判決は、安保改定に反対する連中が憲法を根拠として世論に訴えるのにいささかの余地も与えないし、少数の反対者たちをもはやもてはやすことはない。

Telegram, From MacArthur to Secretary of State, December 17, 6pm, Confidential, Rec'd : December 17, 4:53am, RG59, 1955-59, Box 2919

これは、最高裁砂川判決が、米軍駐留を違憲ではないとするにとどまらず、安保条約について、司法審査権の範囲外としたことについて、マッカーサーがいかに高く評価していたか示しています。伊達判決は、米軍駐留が憲法違反だから被告を無罪としたもので、安保条約を憲法違反として被告を無罪としたのではありませんでした。それにもかかわらず、安保条約についての判決内容をマッカーサーが高く評価したところにも、田中長官との密談が影を落としています。

判決は、安全保障は「国際情勢の進展に即応して適当と認められるものを選ぶことができる」とか、憲法九条は「他国に安全保障を求めることを禁止していない」とか述べた上で、安保条約について「一見無効と認められない限りは司法審査権の範囲外」としています。最高裁は、アメリカ軍の駐留は憲法違反ではないという判決を下すにしても、アメリカにとって必要なことをちゃんと言っているわけです。

日本が安保条約によりアメリカを盟主とする陣営に参加することは、憲法の予想した安全保障の形式とは完全に異なるものと早くから『日本国憲法講義案』（一九四九年四月一五日、学陽書房）で明らかにしてきた佐藤功成蹊大学教授は、一九五九年に最高裁大法廷が米軍駐留と安保条約について裁判官全員一致の判決を下した翌日の新聞紙上で、その異常さについて、次のように指摘しました。

佐藤功成蹊大学教授「砂川判決の問題点」

政治と裁判という問題については別のもっと根本的な観点から、この判決を契機として考えるべきではないかと思う。すなわち、こんどの判決は全員一致の判決であった。伊達判決や弁護人側の第九条解釈、すなわち安保条約は違憲であり、また日本のためにも危険だという議論は、今日の安保改定反対運動の根底にある意志として、少なくとも有力であり、またいわば国論を二分しているというべきだが、その立場はついに一五人の裁判官のうちの一人にもみられなかった

（毎日新聞一九五九年一二月一七日付）。

＊鳩山一郎内閣が秘密文書で土地提供を約束

砂川事件は、一九五七年七月八日に起きました。それから二カ月以上たって、二三人が逮捕されました。そのうち労働組合の執行委員や中心的活動家四人、東京都学連の指導的な人たち三人の計七人が起訴されました。軽犯罪法ではなく、特別に重い刑罰を科す安保条約にもとづく刑事特別法違反でした。

統合参謀本部のファイルにある米陸軍省の文書によれば、レムニッツァー極東米軍司令官は一九五六年一〇月に国務省に送った極秘メッセージで、立川基地などの滑走路延長のための日本政府に土地収用を要求し、鳩山一郎首相は一九五五年二月一四日に、基地拡張のための土地提供に原則的に同意し、重光外相が同年八月二〇日に日米政府間の秘密合意文書を作成しました。

アメリカは日本政府を叱咤激励しました。ワシントンは国務省の幹部を日本に派遣して、福島慎太郎調達庁（調達庁はその後、防衛施設庁に。現在は防衛省防衛局に統合）長官や安川壮外務省北米局長らと連日会議を開き、土地収用を督促していました。

◆メッセージ、レムニッツァー極東米軍司令官から陸軍省へ、一九五六年一〇月二五日、午後一時五二分、極秘

日本政府は、一九五三年と一九五四年初めに、日米合同委員会とその施設分科委員会を通じて、伊丹、木更津、小牧、新潟、立川、横田の各空軍基地の滑走路延長に必要な土地とその権

利を米軍に提供することを要求された。（中略）

鳩山首相が一九五五年二月一四日に極東米軍司令官にあてた書簡は、日本政府が在日米空軍に飛行場拡張のために必要な土地を原則として提供することに同意すると述べた。日本の外相が一九五五年八月二〇日にアメリカ大使にあてた秘密文書により、五五年度予算の政府間協定が結ばれた。日本政府は、一九五五年七月一日より遅くない時期に五つの飛行場で、一九五六年一月一日までに六つ目の伊丹で、それぞれ在日米空軍が占有権を使用できるようにすることを確認した。初めの五つの滑走路拡張のための土地は、一九五五年一〇月の時までに、伊丹では一九五六年三月までに、それぞれ提供されることになっていた。（中略）

過去数週間、日本政府の土地収用のための測量に強く反対する大衆的なデモが立川空軍基地付近（砂川）で行われた。政府は基地拡張に必要な追加の土地収用のための測量を強行しようとした。これに反対する人々は、社会党国会議員の指導や強力な左翼労働組織・総評の資金援助を受けている。立川の反対運動で際立つ土地収用作業は、現在の日本政府にとって政治的に大きな困難であることを示した。しかしながら、このようなかかわりは政治的にきわめて不人気であるにもかかわらず、滑走路延長のために必要な土地獲得のための政策を断固として追求している。

砂川のデモは、一〇月一二、一三日にクライマックス（最高潮）に達した。この両日、日本政府による測量実施は大混乱になった。このなかで多くの測量員、警官、デモ参加者が負傷し

強制測量に反対して警官隊の前に座り込む砂川町の女性たち（1955年9月13日）

た。この事件は、広く知られることになり、指導的な新聞で「国民的悲劇」と言われた。

Massage, From Lemnitzer, CINCFE Tokyo Japan SGD to Department of State, Washington, October 25, 1956, 1：52pm, Secret, Department of the Army Staff Communications Office, RG218, 092 Japan (12-12-50)

基地拡張のための土地収用に失敗したアメリカと日本政府は、農民を支援する労働者や学生を対象にして弾圧する機会をひそかにねらっていました。

砂川事件が起きた一〇日ほど前の一九五七年六月二八日の秘密公電で駐日米大使館のホーシー公使は、米軍立川基地内にある農民の所有地を収用するために、岸首相が一九五六年八月一九日に署名した暫定命令を一年間更新するための測量が、八人の土地所有者により妨げられているとして、前日の一九五七年六月二七日に起きた状況をワシントンに報告していました。

ホーシーの秘密公電によれば、この日、調達庁は早朝、デモ隊が到着する一時間前に測量を始め、到着したデモ隊の一部はフェンスを一〇〇フィート破って飛行場に侵入したが、警察の支援を得るほどではなかったといいます。

その上でホーシー電は、砂川問題が日米協議委員会で議論されたとの読売新聞コラムなどを紹介し、六月二七日は反米デモ隊が米軍施設内に侵入した最初の事件だったと報告しました。

◆公電、アメリカ大使館・ホーシー公使から国務長官へ、番号三一四九、一九五七年六月二八日、午後五時、秘密、国務省受領：六月二八日午前六時三〇分

六月二七日の予備調査は、反米デモ隊が施設に侵入しようとした最初の事件だった。政府が七月八～一一日に完全な調査をやる時には、いっそうの妨害が予想される。外務省は今日、内閣の臨時チームが問題に対処するために恐らく組織されると大使館に通報した。社会党は米空軍の警察がデモ隊を立川基地から排除していることに抗議している。

Telegram, From Outerbridge Horsey to Department of State, No.3149, June 28, 1957, 5pm, Confidential, RG59, 1955-59

地元の農民を先頭に、これを支援した労働者、学生のたたかいの前に、政府は土地の収用ができず、立川基地は拡張できませんでした。

マッカーサーは一九六〇年一〇月、基地問題についてのワシントンへの年次報告の中で、砂川町で土地収用が進まない現状について、次のように述べました。

◆安全保障情報、マッカーサーから国務省へ、番号四八二、一九六〇年一〇月二六日、極秘、主題：アメリカの海外軍事基地システムの年次評価

滑走路延長、この問題は多くの基地にあるが、立川基地では最も重大である。そこでは、在日米空軍は滑走路を五〇〇〇フィートから七〇〇〇フィート延長できるようにするには、周辺の農地を獲得する必要があるが、一九五四年以来いまだ実現していない。

いまの滑走路は短すぎて、ジェット機が離陸するには、ピストン運航で荷重を減らして離陸しなければならない。揚力が減る暑い時は、問題が大きくなる。大きな航空機は容量を五〇パーセントに制限しなければならない。こうした条件の結果として、年間の損失は五〇〇ドル以上と見積もられている。日本政府は土地所有者に引き続き土地を売らせるよう追求し、最近は勧誘のために新しい学校の建設を提案しているが、いつになれば、必要な土地を完全に獲得できるのか、予測するのは不可能である。

Security Information, From MacArthur to Department of State, No.482, October 26,

1960, Secret, Subject : Annual Review of United States Overseas Military Base System

一九六八年一二月一九日、アメリカ空軍司令部は立川基地滑走路拡張計画の中止を発表しました。

＊田中耕太郎の経歴も調査ずみ

日本の最高裁は、アメリカとの関係でなぜこのように不正常な関係にあるのでしょうか。とりわけ田中耕太郎長官のもとでの最高裁のこのような体質について、最もよく知っていたのはアメリカ国務省でした。

◆覚書、ハワード・バーンズ国務次官補（極東担当）からディロン国務長官代理へ、一九六〇年八月一七日、部外秘、主題：尊敬する田中耕太郎最高裁長官の〔国務〕長官代理訪問

占領終了と日本の主権回復から今日までの期間にわたり、［田中耕太郎が］最高裁長官として職務していたあいだ、日本の最高裁は、日本の戦後政治の発展方向を確定する判決を引き継ぐよう求められてきた。これらの多くの事件では、一九五九年一二月の砂川判決のように、自衛隊を創設し、アメリカの軍事基地を許容した政府の権利を確定し、日米関係に影響するきわめて重要な効果をもたらした。

この国の最高の裁判官としてのその職歴を通じて、田中最高裁長官——体質的に保守である

――は、憲法によって政府に特別の力を与えないようにしようと望む人びとに反対して、国の外交関係、防衛、福祉に影響する事件で、全体として中央政府が法的手続きにより干渉する権利を支えようとしてきた。

彼［田中長官］はまた、五月と六月に起きた法の支配を傷つけるような大衆的デモを公然と非難するほどに勇敢にやってきた。

Memorandum, From Parsons to Dillon, Acting Secretary, August 17, 1960, Limited Official Use, Subject : Call upon Acting Secretary by Honorable Kotaro Tanaka, Chief Justice of Japanese Supreme Court, RG59, 1955-60

パースンズの覚書は、田中耕太郎が、国務省を訪問した前日に、田中と最高裁についての評価を報告したものです。

田中が国務省を訪れたのは、国際司法裁判所判事立候補への支持をとりつけるためで、米軍駐留を憲法違反でないとした砂川判決が手土産になりました。

日本政府が、軍備増強や福祉切り下げなど、憲法に反する法律を国会で次つぎに強行し、憲法の規定を実質的に掘り崩してきたことは、戦後の歴史が示しています。そうしたことができたのは、最高裁が大きな役割をはたしたこと、とりわけそのなかで田中長官が貢献したことを、アメリカ政府はよく知っているわけです。

連合国軍最高司令部（ＳＣＡＰ）の参謀第二部（諜報Ｇ―２）は、対日占領を始めるとともに田中耕太郎について調査し、早くも一九四六年五月二一日に報告書を出していました。（Information, General Head Quarters, Intelligence Bureau G-2, May 21, 1946, Secret, Item：Tanaka Kotaro, RG331）

それによれば、田中耕太郎は一九三五年一二月から翌三六年一〇月までローマ大学で講義しています。諜報部の文書は、「日本・ドイツ・イタリア反共条約に付属する日独伊（枢軸国）文化交換促進条約にもとづく文化交流のため、田中耕太郎は枢軸国に派遣された最初の交換教授となった。彼は、ローマ大学で講義するためにイタリアに行き、ファシスト・イタリア政権の法的機構の知識を吸収した」と記しています。

イタリアは当時、ムソリーニ・ファシスト政権の支配下にあり、一九三五年一〇月三日にはエチオピアに対する侵略を始めていました。

田中耕太郎は一九四一年、当時、仏印と呼ばれていたフランス領インドシナ（いまのベトナム）のハノイ、サイゴンの大学で「日本文化」を講義しています。

日本は一九四〇年九月三日に北部仏印に侵攻、同二七日にはドイツ、イタリアとベルリンで三国同盟に調印します。日本はアジアを、ドイツ、イタリアはヨーロッパを、それぞれ勢力範囲として分けあうことを約束した軍事同盟でした。

田中耕太郎は、日本軍が全面戦争をしていた中国には、一九四三年に「中国の商業実践研究のため」として東亜研究所より派遣されています。

このように田中の戦前戦中の歩みは、日独伊三国軍事同盟による侵略戦争や、日本が中国などアジア諸国を侵略した歴史とともにありました。

一九四五年八月一五日、日本はポツダム宣言を受諾して戦争は終わりました。ポツダム宣言は、日本国民を欺瞞して世界征服の挙に出る誤りを犯させた旧勢力の永久追放を求めました。しかし田中耕太郎は、一九四六年一一月三〇日に発行した『教育と政治』で、「ポツダム宣言を受諾するに際して我が国体維持の確認を得た」（一〇〇ページ）とし、戦前、日本が大国の地位を獲得できたのは「国体の精華の然らしむる所」（一〇九ページ）と、侵略戦争を進めた旧勢力を賛美しました。

田中耕太郎は、一九四六年二月からアメリカ教育使節団と協力するための日本教育委員会の活動に携わっており、変わり身の早さをみせています。

田中が一九五〇年三月三日に最高裁長官に就任したとき、そのことを「情勢の重要な変化」として翌四日の極秘公電で陸軍省情報参謀部に報告したのは、極東米軍司令部でした。(Information, Joint Weeka 9, From CINCFE to Tokyo Department CSGID (Chief of Staff, G-3, Intelligence Bureau), March 4, 1950, No.CX55213, Department of Army, Staff Communications Office, Secret, RG218)

極東米軍司令部のこの報告は、田中がイタリアで法律を講義していたことを秘密メッセージで記していました。この情報は、ワシントンの米空軍司令部、韓国・ソウルの軍事情報機関、太平洋軍司令部にも伝えられました。占領開始直後の調査情報は米軍関係機関で共有されていたわけです。

田中耕太郎は最高裁長官に就任してまもない一九五〇年三月一七日には、東京・日比谷の第一生命ビル六階にあった占領軍総司令部（GHQ）に、マッカーサー総司令官を訪ね、そこでアメリカ訪問を持ちかけられました。

田中耕太郎らは、米陸軍と米国際交流協会の招待により、同年九月二七日から一一月一八日に帰国するまでワシントン、ニューヨークなどを訪れました。

連合国軍最高司令官（SCAP）のファイルを調べると、田中の滞米中の講演を報じた新聞の切り抜きが見つかりました。

田中は、一九五〇年一一月七日、シアトル弁護士会と太平洋研究所が共催して開いた講演会で「日本の最高裁長官」と紹介され、つぎのように述べていました。

◆「日本の最高裁長官、マッカーサー元帥を称賛」ザ・ニュース、一九五〇年一一月七日

「武装を放棄した国として、そして憲法で再軍備を禁止された国として、われわれはみずからの安全に不安を感じている。冷戦の中で、わが国の政府は断固として西側同盟の側について共産主義独裁に反対している。地理的状況から見て、次のように自問してきた。連合国の占領

が終わったら、日本はどうなるか、攻撃されたら、どうなるか、と」

The News, November 7, 1950, Japnese Chief Justice Lauds Gen. MacArthur, RG331

田中は、翌一九五一年九月八日にサンフランシスコで調印された旧安保条約が前文で、日本は武装を解除されているので、アメリカとの安保条約を希望すると述べているのと同じことをアメリカで言っていたわけです。

＊連合国軍政治顧問は裁判官をどう見たか

憲法は、裁判官が良心に従い、独立して職権を行使することを求めています（第七六条）。裁判所が果たした戦前の苦い教訓があるからです。

戦前、裁判所は、政府から独立しておらず、戦争に反対した人々を「有罪」として投獄するなど、侵略戦争の推進に積極的な役割を果たしました。裁判所は司法省という行政官庁に属しており、裁判官も官僚法学といわれた特殊な方法論で教育され、一般的にきわめて保守的で国家主義的な世界観の持ち主でした。戦争に反対した国民を特高警察が拷問を加えるなど、警察は残酷な仕打ちをした上、裁判所は過酷な刑罰を科しました。

一九四五年八月、日本はポツダム宣言を受諾し連合国に降伏しました。ポツダム宣言には、「民主主義的傾向の復活強化に対するいっさいの障害を除去すべし」と書かれています。戦後、日本を占領支配したアメリカは、このポツダム宣言を実行する責任を負っていました。

国民が自分たちの代表を選挙で選ぶとともに立法権、行政権、司法権という三つの権力が相対的に独立し、互いに牽制《けんせい》しあうことによって、権力が暴走できないようにする政治の仕組みをつくることは重要な仕事でした。

一九四七年五月三日に施行された日本国憲法のもとで、日本は生まれ変わりました。国民が選挙で選んだ代表による国会が国権の最高機関となりました。憲法は第九九条で、天皇、大臣、国会議員、裁判官その他の公務員に「この憲法を尊重し擁護する義務」を課しています。

裁判官は、戦前のように政府や軍部の顔色をうかがう必要はなくなったはずでした。

しかし、裁判官のすべてが、新憲法のもとで生まれかわったわけではありませんでした。占領軍として日本を統治したアメリカは、そうした弱点を見ぬいていました。

シーボルトは、日本の裁判官について、占領中の一九四九年三月に国務省に送った覚書で、そうした認識を書いていました。

シーボルトは、終戦直後から連合国軍最高司令部政治顧問として占領行政に大きな役割を果たしていました。覚書は、戦後最初の総選挙に際して同時に行われた最高裁裁判官の国民審査の数字を表で示して、ノーという回答が投票総数一割に満たない結果を評して、次のように述べました。

◆シーボルト連合国軍政治顧問（東京）から国務長官へ、番号一九三、一九四九年三月三一日、

限定、主題：日本の最高裁判所

最高裁判事の任命をどう見るかということは、政治闘争の中で重要な政治問題にはならなかった。最高裁は、新憲法のもとで新しく出直してからも世論の注目を集めることはほとんどなかった。最高裁。改正条項が目新しいこと、裁判官や投票者に何が期待されているかがはっきりしていなかったことが、［最高裁裁判官審査への］全般的な関心の低さに寄与した。裁判所の出直しについて選挙前に書かれた新聞記事の多くは、世論の無関心を鋭く批判したが、何らかの刺激を与えることはできなかった。裁判官はいくつかの機会に新聞のインタビューを受けたが、新憲法の値打ちについては一般的に述べるにとどまっていた。

From W.J. Sebald, United States Political Adviser for Japan, to Secretary of State, No.193, Tokyo, March 31, 1949, Restricted, Subject : The Supreme Court of Japan, RG84, Box49

戦前は戦時体制の中で重要な役割をはたした裁判官も、新憲法下の体制に衣替えしました。しかし、占領政策が急速に転換し、大臣や高級官僚として戦争を推進した人びとが次つぎに復活する中で、アメリカに迎合した裁判官は少なくありませんでした。

一九四八年頃から、日本をアジアにおける前線基地として確保することを考え始めたアメリカは、占領下に第三代最高裁長官に就任した田中耕太郎に早くから目をつけていました。田中は、参議院議員や文部大臣として、それまでも政治的発言をしており、吉田内閣が最高裁長官に田中を指名したのは、彼が反共の理論家だからだと、日本の新聞でも書かれていました。

＊集団的自衛権賛美の補足意見

田中は最高裁砂川裁判で、「自衛は他衛」とする補足意見を提出し、日本がアメリカの戦争に加わることを主張しました。

田中耕太郎裁判官の補足意見、一九五九年一二月一六日、最高裁砂川判決より抜粋

今日はもはや厳格な意味での自衛の観念は存在せず、自衛はすなわち「他衛」、他衛はすなわち自衛という関係にあるのみである。従って自国の防衛にしろ、他国の防衛への協力にしろ、各国はこれについて義務を負担しているものと認められるのである（最高裁判所刑事判例集第一三巻第一三号三二三九ページ）。

東京のアメリカ大使館は一九五九年一二月二三日、最高裁砂川判決の判決文をエアグラム（航空手便）で国務省に届けました。

そこには、キッド参事官が起案し、マッカーサーが決済した判決についてのコメントがつけられていました。キッド参事官は、砂川判決の九項目の「要旨」を報告し、そのなかで、田中耕太郎裁判官と石井修裁判官の補足意見を次のように紹介しました。日本が国際警察軍に入ることを、将来の課題としていることが注目されます。

◈書簡、駐日大使館から国務省へ、番号七五一、一九五九年一二月二三日、秘密、主題：砂川判決の要旨

多数意見の中の重要な主張は、憲法第九条についての田中長官と石塚裁判官の解釈である。両裁判官は、日本みずからの防衛力に間接的に言及し、憲法第九条をきわめて広く解釈する点では、多数意見をこえて選択した。［田中］長官は、高度の相互依存関係になっている今日の国際関係の中では、各国は自国の防衛だけではなく、同盟国を防衛する道義的義務があると主張した。憲法九条は、日本が国際的義務を果たすことを排除しておらず、将来、創設されるかもしれない国際警察軍に日本が参加するのを妨げることはできない。

From American Embassy, Tokyo, Coburn Kidd, Counselor of Embassy to Department of State, No.751, December 23, 1959, Confidential, Subject : Gist of Sunakawa Decision, RG59, 1955-60

Ⅱ章　トリックで作られた基地管理権

1　米軍の行動に合わせて変わる政府見解

＊「日米地位協定の考え方」の新解釈

以上に見たような、最高裁と日米合同委員会のもとで、いま日本では、米軍がわがもの顔で振舞っています。米軍の前には、憲法も法令も存在しないと言われる状態が続いています。

外務省は一九七三年四月に、「日米地位協定の考え方」と題する文書を条約局とアメリカ局の名で「秘・無期限」として作成しました。私は、外務省が印刷したペーパーを間もなく入手しました。そこでは、基地には、米軍の「管理権と称されるものがあって、米側が排他的使用権を有している」「排他的使用権とは、米側がその意思に反して行われる米側以外の者の施設・区域への立ち入り及びその使用を禁止しうる権能並びに施設・区域の使用に必要なすべての措置を取りうる権能」だとし、それを「地位協定上の施設・区域の本質的な要素」と述べています（二七ページ）。

これが最初に出された一九七三年当時は、ベトナム戦争が最も激しく戦われていた時でした。沖縄に移駐してきたB52爆撃機をはじめあらゆる米軍部隊が、ベトナムの戦場に出撃して激しい攻撃を加えていました。基地からは航空燃料が流れ出し、附近の街が炎上する大惨事も起きました。

日本の国中、基地のある所はどこも基地撤去の声が広がり運動が盛んになりました。「日米地位協定の考え方」は、表紙に外務省の条約局とアメリカ局と記されていますが、日米合同委員会で基地反対闘争に対処するための方策を協議し、外務省では北米局の安全保障課などが音頭をとって作成されたものでした。

「地位協定の考え方」は、さらに「我が国に駐留する米軍に対しては、施設・区域の内外を問わず、原則として、一般国際法上我が国の法令の適用はない」と述べています（七八ページ）。

このような新解釈は、大河原良雄外務省北米局長が一九七三年に「接受国の国内法令の適用はない」（衆議院内閣委員会会議録第四〇号一九七三年七月一一日七ページ）と答弁したのと軌を一にして、米軍の行動がエスカレートしたのにあわせて、その正当化をはかったものでした、その後の政府見解は、国会答弁なども、すべてこれに合わせています。

しかし、現行安保条約と地位協定を審議した一九六〇年の安保国会では、政府はこんなことは言っていませんでした。

高橋通敏外務省条約局長、一九六〇年五月一一日、衆議院安全保障特別委員会

この施設・区域というのは、治外法権的な、日本の領土外的な性質を持っているものではなくて、当然、日本の統治権、日本の主権のもとにある地域でございます。従いまして、当然、日本の法令が原則として適用になるわけでございまして、これが全然適用にならない、除外された地域ではないということでございます。ただ、米軍が施設・区域を使用している間は、これを使用するにあたりまして必要な措置、どういうふうな措置を米国がとることができるかということは、これは協定に定めまして、その協定に従ったところにおいて、米側は措置をとることができる。しかし原則としていたしまして、当然、日本の主権、統治権下にある、日本の法令がこれに適用になるというわけでございます（衆議院日米安保条約特別委員会議事録第三三号二九ページ）。

内閣法制局も第一部長が政府広報誌『時の法令』で次のように書いて、条約局長の国会答弁が、政府の一致した見解であったことを裏付けています。

山内一夫内閣法制局第一部長「施設及び区域――いわゆる地位協定の問題点」

合衆国軍隊は、施設および区域について排他的使用権を有するけれども、日本国の法令は、施設および区域でも、適用を否定されるものではない（『時の法令』大蔵省印刷局、一九六〇年八月一三日、三六〇号二ページ）。

安保条約と地位協定を審議した国会における政府答弁は、その条約を締結した政府が国会で、拘束力を持つ有権解釈として国民に約束したものです。安保条約・地位協定の解釈を、外務省の一部局が勝手に変えて、国民に押し付けることはできません。

外務省はさらに一九八三年一二月には、機密文書「日米地位協の考え方・増補版」を作成しました。これは琉球新報社が入手し、二〇〇四年一月から報道し、高文研から同年一二月八日に単行本として発行されました。「増補版」は、「日米地位協定の考え方」作成後の「状況の変化を踏まえ条約課担当の事務官が補加筆を行ったもの」（条約課長と安全保障課長の「はしがき」）で、原本に書かれていた内容を、米軍のその後の行動に合わせて一部書き変えたものです。

外務省は、ここでも米軍の基地管理権を強調しています。基地がある以上、米軍は軍事活動をするためにオールマイティ（全能）の権力をもっているから、日本国民はいくら文句をいってもだめだと強調したのです。

今では、米軍は基地に対して排他的管理権をもっており、何をしても自由だということがマスコミなどを通じて強調されています。政府が沖縄県の辺野古の海で一定の水域をブイで囲い込み、米軍新基地に反対する人々を暴力的に排除し、サンゴ礁破壊を調査するための沖縄県当局による立ち入りさえも長期間にわたり阻止しました。この間に新基地建設に必要な工事を、抵抗を排除しながら強行し、証拠隠滅をはかったのではないかと指摘されています。

さらに、「増補版」では、例えば、一九八〇年代に激しくなった米軍航空機の低空飛行訓練について、「地対空射爆撃を伴わない飛行訓練は、本来施設・区域内に限定して行うことが予想されている活動ではなく、地位協定上、我が国領空においては施設・区域上空でしか行い得ない活動ではない」と述べて正当化をはかっています（高文研版二三ページ）。

米軍飛行機が人間の住む所で射爆撃訓練をすれば、人家が炎上し、住民が殺傷されますから、「行い得ない」のは当たり前です。しかし、射爆撃しなくても、低空で飛行訓練すれば、住民は爆音に苦しみ、物体の落下や航空機の墜落の恐怖にさらされることになります。

これによれば、米軍航空機が周囲の住民が寝静まっている早朝・夜間に爆音を轟かして発進や着陸を繰り返し、あるいは人口密集地帯で人家の屋根すれすれに低空飛行訓練を繰り返すのも自由ということになります。現実に米軍はそのように行動しています。

かつて外務省は米軍航空機が各地で低空飛行していることを追及されると、日米地位協定第五条で認められている基地間の移動だと国会などで説明していました。

しかし、地位協定第五条は、同協定が一九六〇年一月一九日にワシントンで調印された際の合意議事録でも、「日本国の法令が適用される」と定められており、一九七三年四月に作成された「日米地位協定の考え方」原本も、「米軍のわが国内の通行は、直接わが国の交通秩序に関わるものであり、かかる場合にわが国の法令が遵守されるべきは当然のこと」（四四ページ）と述べていました。

それが米軍機の低空飛行の被害が大きくなるとともに、地位協定第五条でその正当化をはかることはできなくなると、政府は「日米地位協定の考え方・増補版」で、低空飛行訓練を「基地上空でしか行い得ない活動ではない」などと、米軍が法的根拠なく行動できるかのように言い変えたのでした。

これがいかに無法行為の正当化をはかるものであるかは、米軍の航空機の演習場としては、人間の住んでいない海上などに米軍航空機の演習場が設定されていることを見ても明らかです。
実際、現行安保条約と地位協定を審議した一九六〇年の安保国会では、政府の責任者が次のように答弁していました。

赤城宗徳《むねのり》防衛庁長官、一九六〇年五月一一日、衆議院日米安全保障条約特別委員会
米軍は上空に対しても、その区域内で演習する。こういう取り決めとなっている（衆議院日米安保特別委員会議事録第三三号一六ページ）。

丸山佶《ただし》調達庁長官、一九六〇年五月一一日、同右
空軍の演習の場合には、防衛庁長官が答えた通り、演習区域というものを指定している。したがって、その演習は、その上空においてのみ行われることになる（同前）。

米軍の必要にあわせてこのように政府の見解を変えることは、国の主権、国民の生命、権利、暮らしに関わる重大問題です。どうしてこんなことができるのでしょうか。
いったい日本とアメリカの関係はどうなっているのでしょうか。日本は立派な憲法をもつ法治国家のはずなのに、なぜこんなことになるのでしょうか。

この問題を考えるためには、日米同盟の根本にある安保条約や地位協定にはどのようなことが書かれているのか、それはなぜ、どのようにして決められたのか、その時にはどのような議論があったのかということを見なければ、よくわかりません。それを知るためには、アメリカ政府が開示した文書を調べる必要があります。

それを考える上でも、まず今、沖縄県で米軍と日本政府がやっている行動を見ておきましょう、

＊沖縄・辺野古の海で起きていること

アメリカが辺野古水域への沖縄県の立ち入り調査を長期間にわたり拒否し、その間にサンゴ礁や海底地形を変えた事実を隠したのではないかと指摘されています。

政府は、この問題でも、安保国会で答弁した内容を変えています。

一九六〇年の安保国会で当時の内閣法制局長官は、基地立ち入りについて次のように答弁しました。

林修三内閣法制局長官、一九六〇年四月六日　衆議院日米安全保障条約特別委員会

施設・区域というものは、決して日本の行政権の範囲外にあるものではございません。これは、そこに入ることが日本人が普通にできないと申しましても、これはもちろん多少事情は違いますが、日本人の所有地でありましても、他人は簡単にそこに入れない。所有地には入れないわけで

ございます。そういう意味で米軍に使用を許しておりますから、米軍の都合上、そこの立ち入りがある程度、制限されることは、これは当然のことでございます。しかし、それは米軍に対して、そこの行政権、施政権を許した、そういうものとは全然性質が違うわけでありまして、そこにあります土地は日本の土地でございます（衆議院日米安全保障条約特別委員会議録、一九六〇年六月四日）。

基地に入れないといっても、私人が他人の所有地に入れないとのと同じだというわけです。しかし、それから一〇数年を経て作成された「日米地位考え方」は基地への立ち入りについて、「施設・区域に関する米側の立入り禁止権は、協定及び合同委員会合意上特に定める場合を除き、日本の公権力にも対抗しうる点に特色がある」、つまり、米軍基地は「日本側公権力にも対抗しうる」（外務省配布文書二七ページの注）と見解を変えました。

行政官庁は災害防止や環境保全など必要がある場合は、必要な手続きを経て、私人の所有地に立ち入り調査をしています。環境破壊の疑いのある工事が行われている場合は、関係官庁は当然、調査に入ります。もし基地の中で周辺住民に被害が及ぶ大災害が起きたら、政府は国民の生命、財産、安全を守るという責任をどうとるつもりでしょうか。

琉球新報社『日米不平等の源流』（二〇〇四年一二月八日、高文研）は、『日米地位協定の考え方』をみると、地位協定の運用に当たって外務省は、むしろ条文を米軍優位に解釈し、条文を超える特権すら保障している」と書いています（三八ページ）。

政府は、一九六〇年の安保国会では、立ち入り禁止は私人に対するものだと言っていたのを、一九七三年になると、公権力に広げたのです。

これは、政府が日本の主権のうえに米軍を置いて、米軍のためには法令を順守できないのも当然と言うようになったことを示しています。

知事や市町村長などの自治体首長は、憲法九二条が定める地方自治の本旨により法律で認められた公権力です。

地方自治体は、自らの判断と責任において事務を執行すべき独立の地位にあるのであって、国と上命下服の関係にあるのではありません。政府は自治体の自治・独立性を侵してはならないということは、裁判所の判例にもなっています（一九六〇年六月一七日、最高裁第二小法廷判決、砂川町職務執行命令訴訟事件、行政訴訟判例集一四三三ページ）。

この章でこれから紹介するＮＡＴＯ（北大西洋条約機構）軍とドイツ政府が駐留するＮＡＴＯ軍について結んだボン協定では、一九五九年の協定でもドイツ当局が基地に立ち入ることを認めていましたが、改正後はさらに立ち入りできるドイツ当局には、連邦、州、市町村レベルの当局が含まれることが明確にされました。

自治体首長の米軍基地立ち入りは、一九八八年に神奈川県逗子市の池子弾薬庫で基地内を流れる池子川が氾濫し、下流の住民が水害に見舞われたことで問題になったことがあります。このとき逗子市長は、河川法第八九条にもとづき立ち入り調査をしようとしましたが、外務省はこれを拒否し、アメリカ軍は基地入り口に鉄条網をはって、市長の立ち入り調査を阻止しました。「地位協定に特段の規定がある場合を除き、国内法の適用はない」という無茶苦茶な理屈でした。

＊犯人が基地に逃げ込んだ場合

米軍基地への立ち入りの問題は、犯罪捜査ということからみても切実な問題です。地位協定第一七条は第一〇項で、基地内では米軍部隊に警察権があると書いています。日本の公権力が、基地に立ち入れないとすると、容疑者が基地内に逃げ込んだら、どうするのか、という問題があります。

この点については、地位協定第一七条第一〇項に関する合意議事録により、「重大な罪を犯した現行犯人を追跡している場合において日本国の当局が基地内で逮捕を行うことを妨げるものではない」としています。そうでなければ、犯罪容疑者が基地に逃げ込めば、追ってきた日本の警察はゲート前でストップせざるを得ないことになります。

合意議事録はまた、「米軍の同意がある場合も逮捕できる」としています。

沖縄県警は、一九八五年に沖縄県金武町《きんちょう》で起きた米海兵隊員による殺人事件で、米軍基地内に入って捜査し、基地に逃げ込んだ犯人を逮捕したことがあります。

当初、米軍は県警の身柄引き渡し要求を拒否しましたが、金武町では、相次ぐ米兵犯罪に町民の怒りが高まっていました。町民は町民大会を開くなど、米軍を厳しく批判しました。そうした中で、アメリカ側も、沖縄県警が基地の中に入って捜査し、犯人逮捕を承諾せざるを得ませんでした。捜査では、被害者の妻、容疑者を目撃した近所のクラブ経営者、従業員が基地内に入り、容疑者とみられる人物の面通しを行いました（琉球新報一九八五年一月一七日付「基地内で犯人捜査、金武町社交街殺人事件、不審な黒人を追及」）。

その後、日本の警察が基地内に立ち入って捜査し、あるいは犯人を逮捕したという報道はみかけません。日本政府の姿勢が変化した反映でしょうか。

米兵犯罪の捜査や逮捕についての、地位協定第一七条第一〇項目にかんする日米合意議事録は、国民の安全や生活を守るために必要なことを日米間で協議し、合意議事録で取り決めることの重要性を示しています。

アメリカの軍人や軍属が日本国民を被害者として犯罪を起こした場合に、米軍基地内であっても捜査し、必要な場合は逮捕することができなければ、日本国民の生命、財産を守ることはできません。

日米合同委員会刑事部会の合意議事録は、日本警察の基地内立ち入りを、凶悪犯罪に限定していますが、凶悪犯罪に限る必要はありません。

さらに、住民にとって切実なのは、米軍基地による自然環境の汚染や文化遺産の破壊がどうなっているかということです。それを調べるためには、自治体の担当者や研究者などの専門家が基地内に入って調査することが欠かせません。

日米合同委員会は一九八六年に自治体による基地内への立ち入り手続きについて合意したことがあります。琉球新報二〇〇四年二月二三日付によると、沖縄県が自然環境保全を目的とした環境調査や視察などで申請した一七件のうち、許可された一〇件中、九件までが合意以前の一九七六年から毎年実施している基地内の排水水質調査にとどまり、個別調査や視察の大半が立ち入り調査を拒否されていたことがわかりました。

アメリカが基地で「すべての措置をとり得る権能は地位協定上の本質的要素」などと言って、憲法、法令の執行を排除する権利がないことは明らかです。

このような問題でも、日米合同委員会の密室の協議にゆだねるのではなく、国民の代表が国会で議論することが欠かせません。これは、日本の主権と民主主義に関わる根本問題です。

2　パンドラの箱をあけるな

＊米統合参謀本部の要求

一九五一年に結ばれた安保条約は、一九六〇年に改定され、「日本国とアメリカ合衆国との間の相互協力及び安全保障条約」という名前のいまの条約になりました。それから、改定されないで、ずっと続いています。

安保条約は全部で一〇条からなる短いものですが、それぞれの条文が重要な意味をもっています。とくにここで問題になるのは第六条です。

第六条には、日本の安全とともに、「極東における国際の平和と安全」のために、米軍に基地を使用させると書かれています。「極東における国際の――」というのは「極東条項」といわれます。米軍が日本の基地から、日本以外の地域の戦争や紛争に出動してもよいということです。

では、アメリカは日本の基地を使うために、どのような権利をもっているのでしょうか。安保条約第六条には、行政協定にかわる別個の協定や別の取り決めで定めると書かれています。

「行政協定にかわる別の取り決め」とは、一九六〇年一月一九日にワシントンで現行安保条約とともに調印された地位協定のことです。「日本国とアメリカ合衆国との間の相互協力及び安全保障条約第六条に基づく施設及び区域並びに日本国における合衆国軍隊の地位に関する協定」という長い名前ですが、前の方は「日米安保条約第六条にもとづく」、後ろの方は「基地と米軍の地位についての協定」ということです。

地位協定は、正式の名前が長いうえに、条項は二八条もあり、読みにくく、分かりにくい条文が並んでいます。だから、一般にはあまり読まれません。

そうでありながら、住民が米軍の行動でどれほど苦しんでいても、「米軍には排他的な基地管理権がある」などという報道に接すると、それじゃ仕方がないか、とわかったような気になります。

そこに盲点があります。

ある国が他の国を支配し、言いなりにさせるには、軍隊を駐留させ、その首根っこを押さえればよいわけです。それは外交や軍事の問題にとどまりません。暮らしや環境、国土の保全など、国民生活のあらゆる面に大きく影響します。

基地では、米軍のジェット機が爆音をとどろかせて離着陸を繰り返しています。基地の周辺では、米軍の行動が住民生活に与える影響が大きな問題になってきましたが、そうした米軍の行動はいまや日本の国土の全域に及んでいます。

また、アメリカの軍艦は日本の一般の港に遠慮なく入ってくるようになりました。横須賀や佐世保のよう米軍基地だけでなく、商業港といわれる一般の港にも、遠慮なく入ってきます。

商業港は、都道府県や市町村が管理しています。戦前、戦中は国が管理していましたが、軍隊や兵器を海外の戦場に送り出す軍港にされ、港のある町や村はどこも、米軍の激しい爆撃を受けました。

港湾や空港は戦争のためではなく、貿易や旅行のような平和的な活動に使われなくてはなりません。このため、戦後は憲法のもとで地方自治体が港湾を管理しています。だから、アメリカが軍艦も寄港させるには、港湾管理者である知事や市町村長の許可を得なければなりません。ところが一九八〇年代の後半あたりから、外務省はそれまでの見解を変えて、アメリカの軍艦は港湾管理者の許可なく入港できると言いだしました。

安保条約で米軍の駐留を許している以上、これらは仕方がないのでしょうか。地位協定で認められている米軍の特権などと言って、ガマンするしかないのでしょうか。

一九五八年一〇月四日から公式に始まった安保改定交渉では、日米行政協定をどうするか、ということが大きな問題なりました。

行政協定は、第二次世界大戦が終わって、まだ日本が米軍の占領下にあった時に結ばれました。そういうこともあって、占領時代のアメリカの特権と日本国民の無権利な状態をそのまま引き継いでいました。

岸内閣は、行政協定を改定する目的を、国民向けには「自主性の確保のため」と宣伝しました。このため、この屈辱的な協定をどう変えるかということは、日本国民にも大きな関心がもたれていました。

しかし、アメリカ政府には、これを変えるつもりはありませんでした。

アメリカ統合参謀本部は、安保改定の交渉が公式にはじまる直前の一九五八年九月に、行政協定第三条が明記していた米軍基地の「権利、権力および権能」を維持するために、協定は変更する必要がないと書いていました。

◆ＪＣＳ二一八〇／一二〇　安全保障条約―日本に関する統合参謀本部へのＪ－五の報告、

一九五八年九月五日、極秘、添付文書B、改訂される条約と行政協定に入れるべき欠かせない要素

2．いまの行政協定に明記されている権利や特権は損なわれることなく維持される。（いまの安保条約が改定され、新条約により協定の改定が交渉されるとしても、行政協定は変更する必要はない。）

JCS2180/120, Report by J-5 to Joint Chiefs of Staff on Security Treaty-Japan, September 5, 1958, Secret, Appendix B to Enclosure A, Essential Elements which must be included within A Renegotiated Treaty and Administrative Agreement, RG218, 092 Japan (12-12-50)

国務省は、安保改定の公式交渉が始まった早い段階で、国防総省と相談した結果として、東京の大使館に、次のように指示しました。

◆書簡、ハワード・パースンズ（国務省北東アジア局長）からアウターブリッジ・ホーシー（駐日アメリカ大使館公使）へ、一九五八年一二月一九日、極秘

ペンタゴン［国防総省］の最初の反応からみて、ワシントンから最初に好意的な対応を得るうえで立ちはだかる主な障害は、ＪＣＳ［統合参謀本部］との関係にあると思う。ＪＣＳは、最初の指示のいかなるわずかの修正も、ＪＣＳの公式の承認を得ることが必要だという立場をとっているので、あなた方の提案に応じるためには、ＪＣＳの承認を必要とすることは明らかだ。

国防総省の作業レベルでは、提案される変更は、日本におけるわれわれの［米軍の］基地の権利の実質には影響させない、つまり、形だけのものにするという合意がある。行政協定の改定が、そのように実質的内容のない修正であっても、われわれがいったんそれに同意すれば、パンドラの箱をあけて、［行政］協定の全面的な改定を求める日本の圧力に直面することになるという強力な見解が国防総省にある。とりわけＪＣＳではそうだとわれわれは考える。

われわれがそうした事態を避けたいと願っていることは誰もが認めている。大使も、今週の藤山との会談で、そのことを明確にされると思う。［行政］協定を新しい安保条約と合わせて修正することをテーブルに載せようというあなた方の戦術を、日本におけるわれわれの基地の実質的権利に影響させてはならない。「新行政協定」の文言を考えるよりも、協定の主要な改定を棚上げする方が好ましい。このことについては、われわれ［国務省］は国防総省と一致している。

From Howard L. Parsons, Director, Office of Northeast Asian Affairs, to Outerbridge Horsey, American Minister, American Embassy, Tokyo, December 19, 1958, Secret, RG59, Lot Files, Document of Far Eastern Office, Administrative Agreement in Japan

パンドラの箱というのは、ギリシャ神話で、ゼウスがすべての悪と災いを封じこめて、人間界に行くパンドラに持たせた箱のことです。パンドラが好奇心から開けてしまったため、人類は不幸にみまわれることになり、希望だけが箱の底に残ったといいます。

アメリカ国務省は、国防総省、統合参謀本部との合意のもとで、米軍基地のあらゆる害悪と災いを続けることを、東京の大使館に指示したのでした。

＊改善は「見かけ」だけ

一九五九年春、砂川事件で東京地裁判決（伊達判決）が出され、米軍の日本駐留は憲法違反であることが、日本国民の前に司法の判断として明らかになりました。

そうして、安保条約が批判にさらされていたとき、藤山とマッカーサーの安保改定交渉は、すでに大詰めを迎えていました。交渉のテーマも、安保条約よりも、行政協定の改定、すなわち地位協定の交渉に移りつつありました。

アメリカが行政協定の中身を変える気のないことは、岸首相にはよくわかっていました。そうしたこともあって、国民向けの宣伝とは別に、アメリカと本気で交渉しようという気はありませんでした。

◆公電、マッカーサーから国務長官へ、番号二〇八七、一九五九年四月一一日、午後四時、秘密、国務省受領：四月一一日午前四時〇六分

藤山は言った。彼［藤山］と岸は、アメリカにとってやっかいなことをつくりださないように、改定の提案は限定しようと決めている。もし岸がこの問題で党内をコントロールできないなら、大きな問題を抱え込むことになると藤山は言った。

Telegram From MacArthur to Secretary of State, No.2087, April 11, 1959, 14pm, Confidential, Rec'd : April 11, 4:06am, RG59, 1955-59

藤山が行政協定改定交渉にのぞむ岸・藤山の考えをこのようにマッカーサーに伝えた一九五九年四月一一日には、自民党総務会が日米安保条約改定要綱を決定し、その中で行政協定については、「その内容を全面に亘って必要なる改訂を行う」として、

1．［安保］条約改訂に伴う所要の改訂を行うこと、

2．現行協定締結後の情勢の変化に伴う改訂を行うこと、［3、4は略］

5．NATO協定など先例となる諸協定を参考とすること、

などを決定していました。

自民党総務会は党大会に準ずる決定機関です。岸・藤山は党議決定にも反して、その日のうちに、行政協定の実質を変えないという密約をアメリカと交わしていたわけです。

藤山は翌々日、行政協定の改定は「見かけ」だけでよいとマッカーサーに伝えました。伊達判決が出てまだ間もない、米軍駐留とその治外法権的特権に対して批判が高まっていた最中でした。

◆公電、マッカーサーから国務長官へ、番号二〇九七、一九五九年四月一三日、午後九時、極秘

彼［藤山］は、行政協定について提案した。日本政府は本質的に言って、行政協定を広範囲にわたり実質的に変更するよりも、見かけ（appearance）を改善することを望んでいる。そうした場合には、圧倒的な特権が米軍に与えられ、実質的な交渉にはならないだろう。したがって、米軍には、ＮＡＴＯ［協定］や他のアジア諸国の［地位］協定で与えられているものを超えて、徹底的な特権が与えられる場合には、彼［藤山］はそのような条項を交渉するために公然と提案することはないが、問題の条項を実行することが合理的な（例えば関税ゼロなど）効果をもたらす簡単な合意議事録を提案することになろう。

Telegram, From MacArthur to Secretary of State, No.2097, April 13, 1959, 9pm, Secret, RG59, 1955-59

ＮＡＴＯ協定というのは、アメリカを盟主として西ヨーロッパ諸国とカナダなどが参加する北大西洋条約機構（ＮＡＴＯ）諸国が一九五一年六月一九日にロンドンで調印した協定で、ロンドン協

定と呼ばれています。協定は第二条で、軍隊派遣国に対して受入国の法令尊重とそのための必要な措置を執ることを義務づけました。岸内閣も「より対等の条約に」という以上、表向きにはNATO協定を否定することはできませんでした。

しかし、藤山は、ひとたび中身の議論をすると、国民的な批判が広がり、収拾できなくなるから、肝心の中身は変えないで、「見かけ」だけ変えればよいと約束したのでした。

しかも、実際は中身を変えないどころか、ウラでは、秘密の取り決めによって、NATO協定にもない特権をアメリアに保障する協定になると、マッカーサーは国務長官に報告していました。

基地の中のアメリカの権利は、第三条第一項の最初の条文（前段）に書かれています。第一項の後段の条文が基地の外の権利です。

まず、前段の基地の中について見ましょう。基地の外については本章の4節で述べます。

旧行政協定では、第三条第一項前段は、基地の「設定、使用、運営、防衛、または管理のため必要なまたは適当な権利、権力および権能を有する」と書かれていました。

「権利、権力、権能を有する」とは、いかにも占領下にアメリカの押しつけられとことが露骨です。

＊NATO並みという意味

毎日新聞一九五九年四月二日付は「米軍特権を制限？　NATOなみに」という見出しで、自民党反主流派の河野一郎、大野伴睦副総裁が四月一日の岸首相との会談で述べた要求を報じました。

日本に駐留するアメリカ軍の権利を、NATO（北大西洋条約機構）でヨーロッパに駐留する米軍と同じ扱いにせよという要求でした。

マッカーサーは一九五九年四月九日の国務長官あて秘密公電で、藤山の要請で前日に私的に会った際に、党と協議する条項ごとの行政協定草案を出してきたが、実質的に大きな変更はなく、岸と藤山はアメリカに大きなトラブルはつくらないとつもりであることを改めて確認しています。

◆公電、マッカーサーから国務長官へ、番号二〇七五、一九五九年四月九日、午後九時、秘密、国務省受領：四月九日午前一一時三八分

藤山は昨夜、私的に会ってくれといってきた。彼は、昨日午前、「安保」条約と行政協定をほとんど完成させる党内協議をやったと述べた。（中略）

藤山はまた、党や日本政府が行政協定を大幅な改定を要求していると、新聞が誤って報道していることに言及した。彼は、内閣と自民党からの圧力により、協定を条文ごとに検討することを義務づけられているが、このことは重要な実質的変更を提案することを意味しないと述べた。そうした変更を示唆する新聞の憶測や行政協定の大幅な改定へのひきつづく圧力にもかかわらず、彼［藤山］と岸は、調整はアメリカにとって大きな問題を生じないような問題に限定するべきだと提案してきた日本政府の立場を維持している。

Telegram, From MacArthur to Secretary of State, No.2075, April 9, 1959, 9pm,

Confidential, Rec'd : April 9, 11:38am, RG59, 1955-59, Box3970

行政協定改定交渉にはその後、一九五九年四月末になって、与党内はもちろん閣僚からも異論が出てきました。マッカーサーの四月二九日の二つの公電を続けて紹介します。

◆公電、マッカーサーから国務長官へ、番号二二三二、一九五九年四月二九日、午後八時、秘密、国務省受領：四月二九日午前九時四一分

藤山は、実質的に党内融和をはかることが、彼［藤山］と岸にとって重要な政治問題になってきたと述べた。アメリカに対しては重大な政治的困難を引き起こすようなことはしないと思っていた人たちだ。行政協定改定の提案を制限する必要がでてきたのだ。彼らが直面している問題はこういうことだ。

A　彼ら［岸・藤山］は、かなり多くの改定を考えてはいるが、その多くは形だけのもの、すなわち、国会に提出された場合に、行政協定の見かけ（appearance）を改善するだけだ。

B　ある場合には、行政協定の現在の条文を変えないで、一般的な言葉で説明的な理解にふれることで合意することを示唆した。

C　彼らが重大な問題に直面するようないくつかのケースでは、行政協定の新しい条文を提案するよりも、むしろ、彼らの困難な状況に合わせて、いかに問題を扱うべきかという観点で

問題にとりくみ、問題を日本側で凍結し、われわれを満足させることに限って彼らの能力を生かさせる。（中略）

行政協定に関しては、岸も藤山も、保守党だけでなく、蔵相、通産相、法相、労相のような閣僚からも、いまの行政協定を実質的に大きく改定するようにという激しい圧力のもとに置かれている。

行政協定は、最大の困難をもたらす問題になってきた。報告したように、私は行政協定の実質的変更を避けるように、岸と藤山に切れ目なく圧力をかけてきた。岸と藤山は、われわれの見解を理解してきたし、幾人かの閣僚にも反対して、行政協定に大きな圧力を加えたい扇動的な保守政治に反対する線をしっかり維持してきた。彼らは、アメリカに提案している変更が、アメリカに対していぜんとしてＮＡＴＯ諸国以上に実質的にわれわれの特権を維持しているということを理解しているが、新行政協定を受け入れるために、それは最小限のものだと思っている。同時に、彼らは提案した変更で、自民党と国会の承認を十分得られると思っている。

Telegram, From MacArthur to Secretary of State, No.2232, April 29, 1959, 8pm, Confidential, Rec'd : April 29, 9 : 41am, RG59, 1955-59

◈公電、マッカーサーから国務長官へ、番号二二三七、一九五九年四月二九日、午後一一時、秘密、国務省受領、四月二九日午後一二時五二分

第三条第一項

最初の文章の言葉づかいに関する問題：国会では新たな行政協定［地位協定］の一つひとつの文言がきびしく審査され、日本政府はそれが必要なことを説明するよう求められるので、「権利」という言葉で「権利、権力および権能」という言葉に含まれる実質的な意味をあらわせないか、そして、「運営、管理」では「設定、使用、運営、防衛、または管理」という言葉に含まれ実質的な意味をすべてあらわせないかとたずねた。もしそれらの日本語の語句でよいということになれば、国会での質問に対してよりうまく守れることになると感謝するだろう。

Telegram, From MacArthur to Secretary of State, No.2237, April 29, 11pm, Confidential, Rec'd：April 29, 1959, 12:52pm, RG59, 1955-59

これに対して、ディロン国務長官代理は一九五九年五月三〇日、日本に行政協定を政治的に受け入れさせるために、一定の改定が必要だということに同意するとして、いくつかの改定案を提示しました。ディロンは、この中で行政協定の第三条第一項前段については、改定によって実質的な意味は変わらないということを、日本側が保障するという条件をつけて同意できると回答しました。

ディロンは、アメリカの権利はいささかも減退させないという前提であり、些細な字句の修正も、米軍が海外での作戦行動に出ることを保証するためだと述べています。

◆ディロン国務長官代理からマッカーサーへ、一九五九年四月三〇日、番号一七二六、秘密

一般的コメント

行政協定を日本に政治的に受け入れさせるために、一定の改定が必要なことに同意する。そのような改定は、米軍基地から海外における作戦行動に出ることによって生ずる紛争の範囲を可能な限り小さくし、したがって、受入国が基地を容認するのを強めることになろう。これらの理由により、日本側が提案した改定の大部分に同意した。しかしながら、場合によっては、日本側の提案のなかで、われわれの見方では、日本側が必要とすることには合致するが、われわれの立場に対する影響が実質的に小さくなるような改定を提案する。

（中略）

5．第三条。（a）第三条第一項。コメント：冒頭の文言に関しては、現在の言い方を取り消すことで、この条項のもとでアメリカが行動する実質的な力が減退することにより、将来、起こりうる、いかなる問題も排除するためには、現在の言い方が好ましい。しかしながら、もし日本側が強く要求するのであれば、今の言い方がもっている実質的な意味をすべて維持するという条件で、「権利、権力、権能」を「権利」に、そして、「設定、使用、運営、防衛および管理」を「設定、運営、防衛または管理」に、変えることに同意できる。アメリカが施設を建設し、あるいは拡大できることを明確にするために、「設定」は維持することが望ましい。

Telegram, From Dillon, Acting Secretary of State to MacArthur, No.1726, April 30,

1959, Confidential, RG59, 1955-59

こうして、行政協定の改定は、基地内の米軍の権利について、三条第一項で「見かけ」は変えるけれども、実質的な内容は変えないということで、折り合いをつけることになりました。

藤山は一九五九年六月初めには「うまくゆけば六月末、だいたい岸首相の外遊（七月一一日）前には調印できると思う」と語っていました（毎日新聞六月一日夕刊）。

マッカーサーは同年六月二〇日には、新しい安保条約の条文、米軍の出撃や核兵器持ち込みについての岸首相とハーター米国務長官の交換公文、密約文書である「討論記録」など、藤山との間で合意した文書を外交行嚢《こうのう》（外交文書輸送用袋）でワシントンに送りました。

六月二三日の国務長官あてマッカーサーの秘密公電（Telegram, From MacArthur to Secretary of State, No.2769, June, 23, 1959, 6pm, Confidential, Rec'd : June 23, 6:54am, RG59, 1955-59）によれば、外務省は行政協定のうち、日米間で合意した部分の日本語テキストをワシントンの日本大使館に分割して打電するとともに、コピーを最も早い外交行嚢で送りました。安保条約とともに、日本国民の権利や利害関係にも影響が大きい地位協定についても、日米間で早期に合意できると踏んでいたからです。

＊太平洋艦隊司令官がつくった検察主張

そうして、一息ついていたところへ、新たな状況が出てきました。

最高裁の砂川裁判は、八月に入ると、舞台は大法廷に移され、弁護団と検察陣の論戦が始まりました。八月四日には、弁護士二八六人が参加する弁護団が五〇万字にのぼる答弁書を提出しました。

答弁書の内容は、マスコミでも大きく報じられました。日本人が所有する土地なのに、そこにつくられた米軍基地に少しでも入ったら、行政協定にもとづく刑事特別法により、特別に思い刑罰が科せられるという安保条約下の現実が、多くの国民に知られることになりました。

弁護団は、安保条約は国連憲章をはじめ国際法に違反していること、アジアの緊張を激化させ、日本の安全どころか戦争に巻き込む条約であること、平和的生存権など憲法が保障する基本的人権と相いれないことなど、安保条約の根本に立ち帰って主張しました。それらは新聞にもかなり詳しく報じられ、安保条約や地位協定という外交問題について改めて考える機会を国民に提供しました。

米軍基地により、わが国が日本とは関係のない武力紛争に巻き込まれ、戦争の惨禍がわが国に及ぶという伊達判決の論理もまた、広い国民の中に少しずつ浸透していきました。

安保条約の極東条項によって米軍が日本の領域の外にまで出動して、日本が極東の防衛まで義務づけられるという批判は、岸内閣の閣議でさえ出されました（朝日新聞一九五九年七月二六日付）。

この頃、マッカーサーは自民党内の動きを次のように報告しています。

◆公電、マッカーサーから国務長官へ、番号三四二、一九五九年八月四日、午後八時、国務省

受領：一九五九年八月四日午前八時五三分

河野一郎は、自民党内の休戦中は［安保］条約改定の特別の点を除いては公表しないという党の表面上の結束も破って、「極東における国際の平和と安全の維持」に関わって予想される問題を［岸・藤山が］十分に説明していないと非難した。もしそうした［極東］条項が条約に入るなら、琉球と小笠原諸島が条地域に入ることになり、そして、米軍の日本駐留が日本防衛という目的だけに限られないのであれば、行政協定はアメリカがもっている特権をもっと大規模に撤廃するように改定されるべきだ、というのである。

Telegram, From MacArthur to Secretary of State, No.342, August 4, 1959, 8Pm, Confidential, Rec'd : August 4, 8:53am, RG59, 1955-59

九月七日からは、駐留米軍は憲法違反かどうかをめぐって、最高裁大法廷で弁論がはじまりました。ＡＰ通信やロンドン・タイムズなど外国の通信社や新聞の記者も含め、定員一一一人の大法廷は超満員になりました。

毎日新聞一九五九年九月九日付夕刊は、「弁護側、激しく反論。砂川上告審の口頭弁論第二回」「在日米軍は〝戦力〟。安保、憲法と国連憲章違反」「基地提供は戦闘行為」の見出しをたて、各弁護士の論述を詳しく報道しました。

3　ボン協定の衝撃

＊ドイツ国内法より厳しい規制を適用

衝撃的なニュースがドイツから入ってきたのは、そうした最中でした。

一九五九年八月三日、ＮＡＴＯの地位協定のうち、ドイツに関して、同協定を補足する協定が調印されました。

ＮＡＴＯ軍の地位協定がロンドン協定と呼ばれているのに対して、こちらのほうは、ドイツ連邦共和国に駐留するＮＡＴＯ軍の地位について、当時、西ドイツの首都となっていたボンで調印されたので、ボン協定と呼ばれます。

マッカーサーはボン協定を読んで、慌てました。ボン協定は、日米行政協定と、あらゆる点で大きく違っていたからです。

ドイツも日本も、第二次世界大戦の侵略国として、戦後は連合国の占領下におかれました。ドイツは、東側はソ連圏に組み入れられ、ソ連軍などが駐留しましたが、西ドイツには、アメリカ軍を中心にイギリス、フランスの軍隊が駐留しました。

違っているのは、基地に関してだけではありませんが、ここでは基地の中について、アメリカなどＮＡＴＯ諸国がドイツに派遣した軍隊とドイツの権利関係について見ましょう。

訳文は、国立国会図書館調査立法考査局「西ドイツに駐留するＮＡＴＯ軍の地位に関する諸協定」（調査資料七五―三、一九七六年三月）によります。

ボン協定第五三条

第一項　軍隊及び軍属は、排他的な使用権が認められている土地の内部において、防衛活動の十全な遂行上必要とされる措置をとることができる。その際、軍隊は、土地の内部における公共の安全及び秩序の維持に関し、ドイツ法と同等の又はより厳しい内容を有する派遣国の国内法規を適用することができる。

第二項　本条第一項第一文は、土地の上空に関してとられる措置にも準用される。ただし航空の妨害となるような措置はドイツ当局と協同してとられなくてはならない。第五七条第七項の規定は、これによって影響を受けない。（注）

第三項　本条第一項の措置をとる場合、軍隊又は軍属は、ドイツ当局が土地内においてドイツの利益に沿うため必要な措置をとり得ることを保証する。

第四項　ドイツ当局と軍隊及び軍属の当局は、本条第一項、第二項及び第三項に従った措置が円滑に実施されるように協力する。この協力に関する細目は、署名議定書の本条に関する条項の

第五項ないし第七項に定められる。（以下略）

（注）ボン協定第五七条第七項　国際民間航空機関及びＮＡＴＯのヨーロッパ空域協議委員会の勧告によって設置されるドイツにおける民間及び軍用航空調整委員会において、ドイツの軍当局は軍隊の軍事航空上の利益を代表する。（第七項後段は略）

協定第五三条は、第一項で、ＮＡＴＯ軍が防衛活動の十全な遂行上必要な措置をとることができるとするとともに、ドイツ法と同等、あるいはそれより厳しい派遣国の国内法規を適用することができると述べています。

ドイツで厳しい環境保護法があれば、軍隊派遣国はそれを守り、ドイツの国内法よりさらに厳しい環境保護法が自国にあれば、そちらの方が適用されるということです。

第二項では、基地の上空でさえ、米軍が民間航空機などを飛行禁止にすることはできず、ドイツ当局と協議しなくてはなりません。後で述べる「横田エリア」のように、基地の上空どころか、基地以外の広大な空域を飛行禁止にしている日本とは大違いです。

第三項では、そうしたドイツの法令や、あるいはそれより厳しい派遣国の国内法令を適用できるように、ＮＡＴＯの軍隊派遣国は、ドイツ当局がそうした措置を取ることを保障しなければならないと定めています。

第四項では、ドイツ当局がそうした措置を取る場合には、派遣国はその措置がスムースに実行されるように協力しなければならないことを定めています。

ボン協定のこの条項では、その細目も定めています。国会図書館調査立法考査局の調査資料七五—三によれば、第五三条についての合意議事録の第五項で「射撃場、弾薬庫、燃料貯蔵庫、危険施設等に関する火災予防、事故防止及び安全措置を含む公共の安全及び秩序」「健康及び公衆衛生」「操業の立ち入り検査」などが具体的に定められており、ドイツの軍事代表は、自国の利益を守る目的で、米軍の現地司令官との間で調整役を果たしています。米軍などNATO軍がボン協定に違反すれば、現場で事実にもとづいて調整し、改善措置を取ることができます。

＊慌てたマッカーサー

藤山とマッカーサーは一九五九年九月八日午後、六月以来、久しぶりに会談しました。ボン協定の調印をうけて、日米行政協定をどうするか、という問題についての会談でした。

次の公電には、ボン協定調印を受けての日米の対応がよく示されています。

◈公電、マッカーサーから国務長官へ、番号七二〇、一九五九年九月八日、午後七時、秘密、国務省受領：九月一〇日午前八時一九分

九月八日午後の会談で藤山は、行政協定について率直に話し合いたいと言った。われわれの交渉が六月末に中断した時には、ほとんどの点で合意に達していた、と彼は指摘した。そして他の閣僚から、もっと変えるようかなりの圧力を受けなければならなかったと振り返った。その時以来、他の閣僚ばかりか、自民党内のさまざまの派閥からも、強力な圧力を受けてきた、と言うのだ。しかし、［合意した］線は守ったと彼は述べた。

しかしながら、いまや、八月はじめに調印された［NATO軍と］ドイツ連邦共和国との補足協定に、特定の閣僚たちが注目するようになった。それを綿密に調べたのだ。とりわけ、関係する問題が、われわれの［日米］交渉と、どこで繋がっているかということを。

ドイツ協定の諸条項がますますよく知られるようになったことで、今や、岸と彼［藤山］自身がきわめて難しい立場に置かれており、反主流派は、藤山と岸が日本の国益を守っておらず、ドイツが交渉でドイツ人のために獲得したものも獲っていないということを、彼らはすでに広めている、と藤山は言った。

状況は危険だ、というのは、社会党がそのことを宣伝しているばかりか、それがあらゆる反対勢力に受け入れられているからだ。ドイツ協定に対抗できる協定を提案しないなら、マスコミだけでなく、自民党内の主要派閥も、疑問の余地なく、政府を攻撃するだろう。そして結果として国会で否決されるだろう、藤山はそう思っている。

これは最も危険な状況だ。もし行政協定が廃棄されるようなことになると、よくても、もっと実質的で大きな改定を要求しなければならなくなり、悪くすると、新条約の全体が拒否されて、いま実施されている日米安全保障取り決めそのものをダメにしてしまうだろう、藤山はそう思っていた。

藤山は、これまでの交渉ですでに合意している条項は、そのままにしておくようにお願いしたいと強調した。そして、行政協定について大がかりな再交渉をして、ドイツ協定の主要なあらゆる条項に一致させるというような考え方には強く反対した。ドイツの協定がいくつかの点で、日本の状況と異なった状況に合わせてつくられているということを、彼は十分に認めていた。そう言いながらも、新しい行政協定の諸条項が、日米間の交渉でまだ結論をみていない、次の三つの問題については、ドイツ協定と一致する条文にすることがきわめて重要だと思うと、彼は言った。

A　施設の中と外における米軍の権利と権力
B　関税問題
C　労働問題

（それぞれ新行政協定第三条、第一一条、第一二条）

これらの問題については、日本の状況はドイツと違った処置を必要とするとは思われない。

（中略）

岸と藤山は、われわれがすでに合意している行政協定のいずれかの条項をやり直すことを求めているわけではない。行政協定が否決されたら、条約のパッケージにかかわるから、改定前の条約の元の状態に戻ってしまうのだ。そうなれば、われわれは重大な危機を自分で招くことになるだろう。

われわれは、岸と藤山が感じている憂慮に対応する道があるように思われる。そして、続けてすぐに打電する次の公電でこの点について書く。それで、藤山によって提起された点について、それをドイツとのわれわれの協定の用語で日本側に最大限あわせて行動することを強く勧告する。そして、国務省がドイツの協定と一致する提案をしてくれれば、日本に行政協定が最大限、岸と藤山によって守られるようにさせることになり、ありがたい。

Telegram, From Macarthur to Secretary of State, No.720, September 10, 1959, 7pm, Confidential, Rec'd : September 10, 8:19am, RG59, 1955-59, Box2580

行政協定の害悪をパンドラの箱に閉じ込めて、「見かけ」だけの手直しでお茶を濁すことでは、もうとても切り抜けられないというマッカーサーの危機感が伝わってくる電文です。

岸・藤山も、マッカーサーも、動揺していました。安保条約に対する批判が広がる中で、屈辱的な行政協定を変えることを看板にしながら、それは安保改定交渉にも影響しかねず、そうなればとんでもないことになるという恐怖感さえ感じられます。そこから、国務省がドイツの協定すなわちボン協定と一致する提案をしてくれればありがたいとさえ述べています。

ところが、岸と藤山は、それにもかかわらず、いや、そうだからこそ、行政協定の実質を変えない既定方針で突っ走ることを、アメリカ側に要求したのでした。

国民の不安が広がる中、全国の労働組合は実力行使を含む行動に立ちあがりました。鉄鋼、金属、化学、交通、港湾、地方の公務員、中央官庁職員らもストライキや勤務時間に食い込む大会に参加しました。学校の先生は「教え子を戦場に送らない」と、早めに授業を切り上げ、行動に加わりました。

自民党内でも、一〇月七日には河野派が「伝えられるような安保改定案には協力できない」という強硬態度を決めて川島幹事長らに申し入れるなど、反主流各派の動きが活発になりました。

こうした党内情勢は、新聞で「安保改定に慎重な態度をとっている松村・三木、石橋の両派の動きなど党内は安保改定についての党議決定をめぐって、ひと波乱ありそうな形勢でもある」（朝日新聞一九五九年一〇月七日付）と報じられました。

このような情勢の中で、藤山が帝国ホテルの会談で言ったことは、マッカーサーを安心させるものでした。

マッカーサーは、二日後の一九五九年九月一〇日、米軍の基地特権について国務長官に報告します。

◆公電、マッカーサーから国務長官へ、番号七二一、一九五九年九月一〇日、午後八時（セク

ション2の1）、秘密、国務省受信：九月一〇日午後一二時二〇分

藤山は述べた。施設および区域内における「権利、権力および権能」の問題は、われわれの交渉がこれまで合意に達しない核心の問題だった。それが今や、その防衛責任を十分に果たすために必要なすべての措置を執ることができる（第五三条第一項）という文言を、ドイツ協定は使っているようにみえる、そこには、実質的な違いはないようにみえる、ドイツ協定は現行の日米行政協定にある政治的に目障りな言いまわしは避けているのだ、と藤山は述べた。

コメント：ドイツ［協定］の条文がわれわれに受け入れられるものなら、それは好ましいことだ。しかしながら、もしワシントンが望むなら、冒頭のところでは「それらの設定、使用、運営、警護および管理のための必要なすべての措置を執ることができる」という言い回しを申し出てもよい。それは、日本にとって受け入れられるものであり、そして、現在の表現にある攻撃的な意味合いはないが、われわれが必要とし、また現にいまもっているものすべてを与えてくれるものだ。

いまだ協議中の行政協定の諸条項に関しては、日本の公衆に知らせることがきわめて重要なのだが、彼らは重要な政治問題を自分たちの手中にしまいこんでいる。

われわれがドイツ［協定］と合致する範囲内で、彼ら［岸・藤山ら］の要求に合わせれば、国会で新行政協定を通すのに都合がよくなり、それがわれわれの利益になる。国会を通らないような行政協定を、岸と藤山に守らせせようと無理強いするのは、われわれの利益にもならない。

Telegram, From MacArthur to Secretary of State, No.721, September 10, 1959, 8pm, Secret, Rec'd : September 10, 12 : 20pm, RG59, 1955-59, Box2580

◆公電、マッカーサーから国務長官へ、番号七九八、一九五九年九月一七日、午後八時、秘密、国務省受信：九月一七日午前八時二七分

第三条第一項――権利。「権利を有する」というのは、この六月に日本側が同意したのだが、そのような言葉づかいはドイツの補足協定の文言からはるかにかけ離れているので、今では、日本側はとても受け入れることはできないと思う。ドイツ協定の線に沿った表現を要求する日本側の主張に対して、適切でない文言で提案するべきだとは思わない。大使館公電七二一の第一パラグラフの「コメント」で示した線に沿う文言なら、ドイツのようにはいかないが、実際問題として、われわれが必要としており、あるいは現にもっているすべてを与えてくれると思う。

Telegram, From MacArthur to Secretary of State, No.798, September 17, 1959, 8pm, Confidential, Rec'd : September, 17, 8:27am, RG84, Box65

＊国務省法律顧問の指摘

アメリカでは、国務省内で新たな動きがありました。

一九五九年九月二六日、国務省北東アジア局のベイン法律顧問が、行政協定の文言をドイツ協定の用語に変えるよう勧告したのです。勧告は国務省パースンズ国務次官補に提出され、同次官補の承認後、翌二七日午前、国防総省に送られました。

ベインのこの覚書には、「九月二七日午前、国防総省に送付」と手書きの書き込みがあります。法律的に筋が通っていて、重要で無視できない見解であっても、国防総省がウンと言わないと、実行されないので、国防総省にまわしたものと思われます。

◆部内覚書、ベイン北東アジア局法律顧問からパースンズ国務次官補へ、一九五九年九月二六日、秘密、主題：行政協定改定のための日本の提案

日本側は、行政協定の未解決になっている主な問題については、ドイツ連邦共和国と調印された軍隊の地位に関する補足協定の諸条項と一致するように処理されることを、一般的前提として提案してきた。彼らは、それを政治的理由とすることで自らの立場を正当化してきた。すなわち、［行政協定の改定が］ドイツ協定と同等の扱いを得られないことが、社会党と自民党内反岸派の双方から、岸政権に対して厳しい批判が集中している、と。（中略）

一、第三条――施設及び区域の中と外でのアメリカの権利

a　施設内の権利（著者注：基地の外についてのベイン法律顧問の見解は4節で紹介します）

日本側は、施設内のわれわれ［アメリカ］の権利を、［日米］行政協定の現在の言い方であ

る「合衆国は――権利、権力および権能を有する」よりも、うんとやわらかいドイツ協定の言い方で規定するよう提案している。ドイツの協定もまた同様の規定をしているが、［日米］行政協定よりも遥かに具体的な語句を使って規定している。われわれの施設［米軍基地］に立ち入るドイツ側の権利及び衛生、治安、その他のような施設内における様々の取り決めについて、アメリカとドイツが協力するための取り決めを定めている。

行政協定の現在の文言を、現在の実際の取り決めを妨げることなく、そして、施設内の日本側の権利をドイツ協定のように詳細には書くことなく、ドイツ協定の用語に変えることを勧告する。

Office Memorandum, From NA Bane to FE Parsons, September 26, 1959, Confidential, Subject : Japanese Proposals for Revision of the Administrative Agreement, RG59, 1955-59, Box2584

国務省の法律顧問は、ドイツのボン協定と日本の地位協定の間に、国内法の適用の有無をはじめ、天地の違いがあることがよくわかっていました。その上で、ボン協定がドイツ側の立ち入り権や衛生、安全などについて明確に規定しており、日本の地位協定も、それと同じ言葉で規定すべきだと国務長官に勧告したわけです。

もっとも、この文書には、「国防総省に送付」などの書き込みがあり、「現在の実際の取り決めを損なうことなく」とか「施設内の日本側の権利をドイツ協定のように詳細に書くことなく」と述べるなど、当初の文章から、表現が弱められた可能性があります。

それにもかかわらず、日本に駐留する米軍についても、ドイツ協定に合わせるよう勧告するなど、法律顧問としての立場は明確です。

このような情勢の中で、新行政協定（現在の地位協定）は、西ドイツなどと同様の基礎の上で扱うようにすべきである、とマッカーサーは国務省に進言しました。

◆書簡、マッカーサーから国務長官へ、一九五九年一〇月九日、番号G―一九一、極秘、国務省受領：一〇月一一日午前九時五三分

いま議論されている新しい行政協定においては、西ドイツやその他の同盟国との間にもっている協定と同じか、あるいは似たような行政協定を申し出て、そして提案し、日本におけるわれわれの軍隊駐留を支持するようにすることが避けられない。あまり好意的でないやり方で、日本人に接したり扱ったりしようとすることは、要するに、何もしないことになる。われわれがイギリス、西ドイツおよびその他の同盟国を見ているのと同じく、対等なベースで日本を見ないと、われわれの安全保障取り決めは意味がないことになり、終わってしまうだろう。そして、われわれは、日本人のイニシアチブによってだけでなく、われわれの関係には相互性が必要であることを認識せず、また十分で対等なパートナーシップをベースにして日本との関係を扱わないというわれわれの誤りによって、最後には日本から追い出されことになる。

Airgram, From MacArthur to Secretary of State, No.G-191, October 9, 1959, Secret, Rec'd : October 11, 9:53am, RG59, 1955-59, Box2580

ところが、約一カ月後に藤山がマッカーサーに提案したのは、マッカーサーが一〇月九日の公電G—一九一で国務省に提案したのとは、逆でした。

一九五九年一一月一六日、藤山は、米側の提案をよく研究し、関係閣僚にもまわしたとし、さらに、われわれの提案がドイツのそれに実質的に一致していると述べたのです。

マッカーサーは、この藤山提案を国務省に報告した同日午後八時の秘密公電（番号一五五七）で、藤山が提示した第三条第一項の文言に続けて、ドイツ協定にもっと接近した表現にしなくてもよいのだ、と国務省に報告しました。

マッカーサーの公電は、藤山が提案した行政協定第三条第一項の改定案をそのまま引用しました。そこでは、地位協定第三条第一項の前段は、現在の条文と同じく、「合衆国は、施設及び区域内において、それらの設定、運営、警護及び管理のため必要なすべての措置を執ることができる」となっていました。これが「ドイツと実質的に対等に扱った」結果でした。

◆公電、マッカーサーから国務長官へ、番号一五五七、一九五九年一一月一六日、午後八時、秘密、国務省受領：一一月一六日午前一〇時一一分

行政協定の残された条項について週末に藤山と長時間会談した。藤山は、わが方の提案を十分に研究した、そして、日本政府の関係閣僚のスタッフが配置されていると述べた。彼［藤山］は、まずわれわれの提案の趣旨が役立ったこと、ドイツと実質的に対等に扱おうと努めたことに謝意を表した。

［テキスト始まり］合衆国は、施設及び区域内において、それらの設定、運営、警護及び管理のため必要なすべての措置を執ることができる。日本国政府は、施設及び区域の支持、警護及び管理のための合衆国軍隊の施設及び区域の支持、警護及び管理のための合衆国軍隊の要請があったときは、合同委員会を通ずる両政府間の協議の上で、それらの施設及び区域に隣接し又はそれらの近傍の土地、領水及び空間において、関係法令の範囲内において、必要な措置を執るものとする」［テキスト終わり］（注）

最初の条文の代わりとしては、私の要求により、大使館公電七二一にもとづいて、ドイツ協定とそれほど厳密に一緒にしなくてもよいことになった。（傍線は引用者）

Telegram From MacArthur to Secretary of State, No.1557, November 16, 1959, 8pm, Confidential, Rec'd : November 16, 1959, 10:11am, RG59, 1955-59, Box2580

（注）マッカーサーが引用しているテキストの二つの文書の後段は、地位協定第三条第一項後段に書かれている基地の外の権利についての記述です。４節の基地の外の権利で説明します。

ワシントンの国務省は、この公電を一一月一六日午前一〇時一一分に受領しました。

国務省は、同一六日午後七時に発出した外交伝書で、ボン協定第五三条のとおり、「すべての措置をとることができる」という条文とするようにマッカーサーに指示しました。

こうして、ボン協定と地位協定の違いはあいまいにされ、岸内閣とアイゼンハワー政権は、ボン協定とは似て非なる「(米軍が) すべての措置を執ることができる」というアメリカの権利を地位協定に書き込んだのでした。

基地内の米軍の権利に関する規定は、地位協定第三条第一項前段に次のように書かれました。

日米地位協定第三条第一項前段
合衆国は、施設及び区域内において、それらの設定、運営、警護及び管理のため必要なすべての措置を執ることができる。[Within the facilities and areas, the United States may take all the measures necessary for their establishment, operation, safeguarding and control.] (『二国間条約集』外務省条約局一九六二年九月印刷)

＊「すべての措置を執ることができる」というごまかし

日米地位協定第三条の第一項前段のこの条文から、冒頭で紹介した外務省「日米地位協定の考え方」は、「排他的使用権」「基地管理権」などと言って、米軍は基地内では何でも出来て、日本側は住民の暮らしや権利に責任がある地方自治体も口が出せないように書いています。

しかし、地位協定第三条第一項前段とボン協定第五三条第一項前段を読み比べて見ただけでも、大きなごまかしがあることが分かります。

ボン協定第五三条が、「排他的」（exclusive）というのは、「土地の排他的な使用権が認められている」ということであって、これは基地のことを指しています。米軍には排他的な管理権があって、何をしてもよいという意味ではありません。

ボン協定第五三条第一項前段について、地位協定研究会の訳文は「専属的使用に供される施設」となっています。そうした意味をより正確に表現したものと考えられます。

ボン協定第五三条第一項の地位協定研究会訳は次の通りです。

ボン協定第五三条〔施設内での措置〕

1　軍隊及び軍属は、その専属的使用に供される施設内において、防衛上の責任を十分に遂行するに必要な措置を執ることができる。同施設内においては、軍隊は、公共の安全及び秩序についてみずからの規則を適用する。ただし、その規則は、ドイツの法令に定める規範と同等か又はそれより高い程度のものでなければならない（『日米地位協定逐条批判』一九九七年六月二五日、新日本出版社四四三ページ）。

ここでは、「専属的使用に供される施設内においての」の次に、「防衛上の責任を十分に遂行する必要な措置」と書かれています。

ボン協定のこの箇所について、国会図書館の訳も「防衛活動の十全な遂行上必要とされる措置をとることができる」です。日米地位協定が第一条で「すべての措置を執ることができる」というのとは大きく異なっています。ボン協定の条文からは、「すべての措置をとることができる」とは到底読むことができません。

マッカーサーの一九五九年九月一〇日の公電七二一によれば、藤山は「ボン協定は目障りな言いまわしを避けている」と言いましたが、日米地位協定第三条と、ボン協定第五三条は、言いまわしの違いではなく、意味が違うのです。

だから、マッカーサーも、藤山が「すべての措置を執ることができる」と提案する前の公電七二〇では、ドイツ協定の諸条項が知られるようになったことで、悪くすると、新条約そのものがダメになってしまうと危機感を持って、ワシントンに報告したのでした。

日本政府が一九七三年四月の「日米地位協定の考え方」で「基地管理権」「排他的使用権」などと、米軍に絶対的な権利があるように述べているのは、このようなトリックで成り立っているわけです。

外務省にボン協定第五三条の日本語訳を請求したところ、「翻訳は作成したが外部に出せない」ということでした。安保改定交渉でも、ボン協定が大きな問題になったのに、その訳文を公表できないとは奇妙な話です。

私が非公式に入手した「外務省訳」では、ボン協定第五三条第1項は次の通りです。

第五三条1　軍隊又は軍属は、その専属的使用に供される施設内において、防衛上の責任を十分に遂行するに必要なあらゆる措置を執ることができる。同施設内においては、軍隊は、公共の安全及び秩序についてみずからの規則を適用する。ただし、その規則は、ドイツの法令に定める規範と同じか又はそれより高い程度のものでなければならない。

＊「行政協定が変わることなく続く」という密約

一九六〇年一月六日に、藤山外相とマッカーサー大使の間で、地位協定第三条第一項に関して密約が結ばれました。この密約文書は、国際問題研究家の新原昭治氏がアメリカ国立公文書館で発見したものです。

一九六〇年一月六日は、岸首相とハーター国務長官がワシントンで現行安保条約、地位協定など一連の文書に調印する二週間前のことです。

一九六〇年一月六日、密約文書、藤山外相とマッカーサーがイニシアル署名

一九六〇年一月一九日にワシントンで調印されたアメリカ合衆国と日本国との間の相互協力及び安全保障条約第六条に基づく施設及び区域及び日本国における合衆国軍隊の地位に関する協定

第三条の文言は、一九五二年二月二八日に東京で調印された行政協定第三条第一項――一九五二年二月二六日の行政協定交渉のための第一〇回合同委員会の公式議事録の了解も含む――のもとで、確立した慣行にいっそう調和した言い回しにするために修正された。日本国における合衆国軍隊の使用のため日本国政府によって許与された施設及び区域内での合衆国の権利は、一九六〇年一月一九日にワシントンで調印された協定第三条第一項の改定された文言のもとで、一九五二年二月二八日に東京で調印された協定のもとでと変わることなく続く（新原昭治『日米「密約」外交と人民のたたかい』（二〇一一年九月三〇日、新日本出版社四三ページ）。

これまで、主にマッカーサーが国務長官にあてた公電によって、基地に対して米軍が絶対的権力をもっているのか、どうかということを見てきました。

その結果、わかったことは、アメリカ政府も日本政府も、表向きは、ボン協定第五三条が定めている国内法やそれより厳しい派遣国の国内法の適用を否定できなかったということです。ボン協定の規定を地位協定にあてはめてみると、米軍基地には日本の法令が適用され、さらに米軍にはもっと厳しいアメリカの国内法が適用されるということです。

日本政府は、地位協定第三条の文言を、米軍基地の「基地管理権」などとアメリカの絶対的支配の根拠にしていますが、この文言自体がボン協定を手品のように操作し、最後には、藤山とマッカーサーがイニシアル署名をした密約によって、つくられたものでした。

＊ボン協定改正で日米協定との違いが拡大

ボン協定は一九九三年三月一八日に大幅改正され、第五三条の基地内についても、ＮＡＴＯ軍にドイツ国内法を順守する義務のあることが、いっそう明確になりました。

一九九三年に改正されたボン協定第五三条第一項

訳は本間浩法政大学教授・元国立国会図書館調査立法考査局外交防衛課長

軍隊又は軍属機関は、排他的使用に供される施設区域内において、防衛の任務を十分に遂行するために必要とされる措置を執ることができる。当該施設区域の使用についてはドイツの法令が適用される。ただし、本協定及び他の国際協定に別段の定めがある場合、並びに軍隊、軍属機関、それらの構成員及びその家族の、組織、内部機能及び管理並びにその他の内部事項であって第三者の権利に対して又は隣接する地方自治体若しくは一般公衆に対していかなる予見可能な影響を及ぼさないものが関わる場合を除く。権限あるドイツの当局及び軍隊の当局は、生ずる可能性のあるいかなる意見の相違も解消するために相互に協議し、かつ協力するものとする（国立国会図書館調査立法考査局委託『外国の立法』第二二一号、二〇〇四年八月号四七ページ）。

小島良一・日本共産党国際委員会委員訳（『日米地位協定逐条批判』三八一ページ）

軍隊及び軍属は、その専属的使用に供される施設内において、防衛上の責任を十分に遂行するに必要な措置を執ることができる。同施設の使用に対しては、本協定及び他の国際協定に別段の規定がある場合を除き、並びに、軍隊、軍隊の構成員、軍属及び家族の組織、内部機能並びに管理に関するもの、並びに、第三者の権利に又は隣接する地方自治体及び公衆に予見できる影響を及ぼさない他の内部問題に関するものを除き、ドイツの法令が適用される。権限のあるドイツ当局と軍隊の当局は生じる可能性のある見解の相違を調停するため、協議し協力するものとする。

（いずれも傍線は引用者）

改正されたボン協定では、基地に対して、ドイツ国内法を適用することが条文の上でも明確にされました。

ドイツ国内法の適用を制限しているのは、①ボン協定と国際法に別の規定がある場合、②軍隊の構成員や管理など内部に関するもの、③自治体や公衆に影響のない場合——の三つの場合ですから、米軍など駐留軍の基地使用全般に対してドイツ国内法が適用されます。

このことは、「一般国際法上、外国軍隊には接受国の法令の適用がない」（『日米地位協定の考え方』七八ページ）。「我が国に駐留する米軍には、一般国際法上我が国の法令の適用がない」（『日米地位協定の考え方・増補版』五二ページ）という日本政府の主張が虚偽であることを示しています。

さらに改正ボン協定によれば、ドイツと軍隊派遣国の間に見解の相違がある時は協議します。協定で定められた以上、ドイツ国民の前で公然と協議されるわけですから、日米合同委員会のように密室の協議とは違って、ドイツ国民は自らの意見を反映させることもできます。

さらに、ボン協定ではNATO軍の基地外での演習にはドイツ国内法が適用されるとともに、改定後は、陸上演習はドイツ国防相の、空域演習では所轄のドイツ当局の、いずれも承認を必要とすることが明記されました。

また改正ボン協定では、環境アセスメントが義務づけられ、駐留軍は人、動物、植物、土壌、水、空気、気候、風致及びその相互関連、並びに文化的その他の資産に与える潜在的影響を見極め、分析し、評価し、有害な影響が避けられない場合は適切な回復措置または清算措置をとることが義務づけられました（小島良一「検証―ドイツにおける地位協定の改定」『前衛』一九九六年六月号）。

ソ連崩壊による冷戦終結により、「ソ連の脅威」を理由にした軍拡競争や軍事同盟の必要はなくなりました。当時、日本でも、安保条約はその役割を終えて、必要がなくなったという議論が政府・与党内部からも出てきました。

自民党は一九九〇年代初めに『過渡期の世界、日本はどうする』と題するパンフレットを発行しました。その中で「冷戦の克服の過程が始まっていると認識すべきです」（七ページ）として、「安保条約はもはや解消すべき時が来たのではないか」と問いを設定し、「東西の対立構造が変わりつつあり、明るい展望が開けつつあることは事実です」と述べた上で、「日米安保体制は軍事的意味合いだけで見るべきではありません。日米の信頼関係の基礎、軍事大国にならないとのわが国の選択の基礎であると認識すべきです」（一二ページ）と述べました。

政権与党自ら、安保条約の軍事的意味合いはなくなり、日本の軍事大国化を防ぐためと認めたのですから、日本でも、少なくとも地位協定第三条第一項を改正し、米軍基地内でも公共の安全と秩序のために、日本の法令に定める規範と同等かそれ以上の厳しい内容を適用することを明確にすべきでした。しかし、逆に、基地に対する米軍の支配を絶対化したうえ、地位協定にも書かれていない米軍の無法行為を認めるまでになっているのが、日本の現実です。

＊米軍基地は治外法権か

もし米軍基地に法令が適用されなければ、そこは治外法権の地域ということになります。米軍基地ははたして治外法権の区域なのでしょうか。

治外法権の区域は、江戸時代末期の幕末から明治時代の初めにかけて、日本にもありました。アメリカは、江戸幕府を脅して一八五八年に修好通商条約を結ばせました。幕府はオランダ、ロシア、イギリス、フランスとも同様の条約を結びました。これらの条約により、横浜など外人居住地に、日本に刑事裁判権のない治外法権区域が作られました。

治外法権が一八九四年の日英改正通商航海条約の調印によって撤廃されるまでには、三六年間が必要でした。

米軍基地の存在は、第二次大戦直後の占領中は別としても、一九五二年四月二八日の平和条約発効から、二〇一五年までも、すでに六三年に及んでいます。これは世界の歴史を見ても異常なことです。

条約の意味を判断する上で重要なのは、国会がその条約を審議し批准するために、条約案を提出した政府が、どのように説明していたか、ということです。

地位協定は、日米安保条約とともに、一九六〇年一月一九日にワシントンで調印されたあと、その年の通常国会に提出されました。国会審議では、米軍基地内も治外法権ではなく、日本の法令が適用されると政府が答弁し、それは内閣法制局の見解でもあったことを、この章の初めに紹介しました。

ところが、田中耕太郎長官とマッカーサーの密談を経てつくられた最高裁砂川判決は、駐留米軍には憲法が適用されないとし、米軍に対しては日本政府に指揮権、管理権がないから取り締まることはできないと判決し、下級審もこれまでのところこれを踏襲しています。そのもとで、米軍はこの日本の国土で無法行為を繰り返し、それはますますエスカレートしています。政府は外務省「日米地位協定の考え方・増補版」でその正当化をはかっています。

この章で見て来たように、帝国ホテルの密室で藤山とマッカーサーがボン協定を横目に見ながらやりとりしたのは、その矛盾をどのようなトリックでごまかすかということでした。

4　米軍は基地の外でも法令を守らない

＊住民に直接被害が及ぶ

米軍の行動は、基地の中だけではありません。

基地の外は、生身の人間が生き、住んで生活をしているところです。そこで、米軍が日本の法令を守らないで、航空機の低空飛行のような訓練や兵器の輸送などの軍事活動をすれば、住民は直接その被害を受けることになります。

ここでは、地位協定第三条第一項の後段部分に書かれている米軍の基地の外での特権について述べます。

実は、この分野こそ、政府と国民の対立、政府による地位協定の拡大解釈や法令無視が最も激しく、それだけに住民の苦しみや被害も大きいのです。

米軍航空機の低空飛行についてみましょう。

地位協定では、基地の付近や基地への出入り、さらに基地と基地の間、基地と空港・港湾など広範な特権を米軍に保障しています。

北海道、青森、茨城、埼玉、神奈川、東京、千葉、山梨、静岡、広島、山口、福岡、長崎、沖縄

の一四都道県でつくる渉外関係主要都道県知事連絡協議会が一九九二年に、航空法の定める最低安全高度を米軍機にも適用するよう、外務省などに要請する方針を立てたことがあります。これらの都道県の知事や選出国会議員がそのために真剣に動けば、米軍航空機に最低安全高度を守らせる法律をつくることはできます。

いまは、米軍航空機は、基地のあるなしにかかわらず、全国どこでも低空飛行をしていますから、関係する府県はさらに多くなっています。米軍機の超低空飛行の爆音や高周波被害、あるいは墜落の恐怖に泣かされている日本国民は、政党支持の違いをこえて支持するでしょう。もし国会議員がそれに反対するなら、その議員は住民の苦難の軽減に背を向ける者として厳しく批判されるでしょう。地位協定の改定も、そうした運動の発展を通じてこそ実現できます。そのためには、地位協定第三条委第一項の後段に書かれている米軍の権利や日本政府の義務について深く知ることが必要です。

第三条第一項の前段には、これまで見てきたように、基地についてのアメリカの権利が書かれていますが、後段は基地に隣接している所や基地の附近について書かれています。

地位協定第三条第一項後段

日本国政府は、施設及び区域の支持、警護及び管理のための合衆国軍隊の施設及び区域への出入の便を図るため、合衆国軍隊の要請があったときは、合同委員会を通ずる両政府間の協議の上で、それらの施設及び区域に隣接し又はそれらの近傍の土地、領水及び空間において、関係法令の範囲内で必要な措置を執るものとする。合衆国も、また、合同委員会を通ずる両政府間の協議の上で前記の目的のため必要な措置を執ることができる。

長く、難しい文章ですが、書いてあるのは、要するに、基地の隣接地や附近でも、米軍の出入りなどの行動に便利なように、アメリカが要求すれば、日本政府は措置をしなければならない、アメリカも行動できる、そして、その内容は密室の日米合同委員会で決める、ということです。

隣接とか、近傍とかいうのは、あいまいな言い方です。実際、どんどん広げられています。現実には、「出入の便を図る」「施設・区域に隣接し又はそれらの近傍の」という条文が、拡大解釈されて、米軍が基地から基地へ自由に移動できる、基地の外側で何でもできるかのように解釈され、現実に米軍はそのように行動しています。

米軍の航空機が北海道の基地を出て、日本列島を低空で飛び回って、九州の基地に入るのも、「出入り」です。そのために、米軍の便宜をはかるためということで、事実上、「基地の附近」が北海道から九州まで広げられています。

実際、地位協定第三条第一項の後段は、基地に「隣接し」「近傍の」となっていますが、アメリカ国務省の文書では「基地の外」と書いています。

マッカーサーは一九五九年九月一〇日、国務長官あて公電七二一で、基地の外でのアメリカの権

というのです。

利について報告しました。米軍が必要とすることを、日本政府ができるかどうかを藤山にたずねた

◆公電、マッカーサーから国務長官へ、番号七二一、一九五九年九月一〇日、午後八時、（セクション2の1）、秘密、国務省受領：九月一〇日、午後一二時二〇分

施設および区域の外側の権利（第三条第一項、後段）についても、われわれの交渉でまだ決着していなかったのだが、藤山が言うには、アメリカは、すべてではないが、問題によっては、日本政府と協議する用意があると言ってきた。施設及び区域の外で、われわれに代わって、日本政府が必要なすべての措置をとることに意見が一致できるかどうか、再検討してくれ、というのだ。

コメント：交渉を延期することにした六月の時点までには、譲歩することが必要なように思えるところまでには来ていなかった。それで、藤山は「必要に応じ」という語句を削除することに、われわれが同意できること、私が彼の要求に応えて、この語句の削除をまず提案することに気づいていない。もし、それが受け入れられないなら、われわれは何かほかのことを考えなければならない。

Telegram, From MacArthur to Secretary of State, No.721, September 10, 8pm, (Section 1 of 2), Confidential, Rec'd : September 10, 12:20pm, RG59, 1955-59, Box2580

＊「必要に応じ」何でもやらせる

「必要に応じ」という言葉は、旧安保条約下で行政協定の第三条第一項の後段に、米軍が基地の外で必要とすることを実行するに当たり日米合同委員会で協議すると明記されていたものです。

藤山が一九五九年六月一七日にマッカーサーに提示した地位協定第三条第一項後段の案では削除していました。（公電番号二七一五、Telegram, From MacArthur to Secretary of State, No. 2715, June 17, 7pm, Confidential, Rec'd : June 17, 7:06am, RG59, 1955-59, Box2580）

地位協定でも、米軍が基地の外で必要とすることは、日本政府が実行することになったので、当然のことでした。

ところが、マッカーサーはこの公電七二一で、基地の外でのアメリカの権利について、「必要に応じて」という語句を削除するかわりに、基地の中で「必要なすべての措置を執ることができる」とするのが得策だ、と国務長官に進言したのでした。

基地の中の権利を、住民が暮らしている基地外でも「必要に応じて」使うとは、ひどい規定ですが、これはアメリカが占領下にやっていたことをそのまま行政協定に書いたからです。「必要に応じて」というこんな占領時代の字句を削除するのは当然のことです。

ところが、先に見たように、ボン協定が明らかになり、安保反対の運動が広がり、岸・藤山が動揺して、基地内で米軍が「必要な措置をとる」という文言も危なくなる中で、マッカーサーはこんな取引を考えたのでした。

アメリカ政府は、あまりにひどいことを押しつけておいて、「それがいやなら、もっとひどいことを受け入れよ」ということが日本には通用する、とみているのでしょうか。

マッカーサーはこの問題について、一週間後の九月一七日の公電七九八でまた報告しています。

◆公電、マッカーサーから国務長官へ、番号七九八、一九五九年九月一七日、午後八時、秘密、（セクション2の1）、国務省受領：九月一七日午前八時二七分

2．第三条第一項後段

「必要に応じて」［という語句］を削除することで、日本側が満足するかどうか、それはわからないが、そんな語句は受け入れられないだろうということは明確にしてきた。なぜなら、それは、われわれが彼らと協議もせずに、施設及び区域の外で、土地をとったり、建物を取り除いたりする権利をもつことを意味するからだ。

藤山は、地位協定第五条第二項に書かれている、施設及び区域に、制限なく出入りする権利に対しても、ラスク・岡崎合意議事録で規定されているような航空管制に対する権利などに対しても、疑義を出したことがない。

私は、「必要に応じて」の削除を提案することにより、第三条第一項を適切なものとして受け入れさせ、そして、施設及び区域の外で日本政府がわれわれに代わって必要な措置を執るという彼の最近の提案を撤回させることになるかもしれない。
しかしながら、協議は「合意」を意味しないという趣旨で議事録を私が要請しても、そんな都合のよい譲歩を、われわれが得られるとは私は思わない。というのは、日本側の見解では、［地位協定第三条］第一項後段の文章は、もともと路線権の現実的な規定に関係しており、そして、必要があれば、彼らの許可なしに、土地を取ったり建物を取り除いたりする権利を確保することを認めるよう、事実上、彼らに要求することになるからだ。こんなことは、国会も世論もまったく認めないだろう。そして、ドイツ補足協定［ボン協定］を見てしまった日本人が、そんな権利をアメリカに与えようとしないことはまったく明らかだ。したがって、私は、いまのやり方を続け、施設及び区域の外でとられる「措置」には、ラスク・岡崎合意議事録で述べられているものを含むよう、藤山に要求することを提案する。

Telegram, From MacArthur to Secretary of State, No.798, September 17, 8pm, Confidential, (Section 1 of 2), Rec'd : September 17, 8:27am, RG84, Box65

マッカーサーはこの公電で、基地へのアメリカ軍の出入りのために、基地の外で、土地を取ったり、建物を取り除いたりする権利があると述べています。これは物騒な話です。

しかし、旧安保条約と行政協定のもとで、日本政府は米軍のためにこんなことをやっていたのです。行政協定第三条第一項の後段には、基地に隣接する土地、領水・領空、その近傍、つまり基地の外で、米軍が権利、権限、権能を使う場合は「必要に応じ」日米合同委員会で協議すると書かれていました。

マッカーサーがこの公電で述べているラスク・岡崎交換公文というのは、一九五二年一月から東京で行政協定の交渉をしていた岡崎勝男外相とラスク国務次官補が、二月二八日に行政協定とともに調印した、同協定の合意議事録のことです。これは、現在の地位協定の合意議事録に引き継がれています。

合意議事録は、行政協定第三条第一項の米軍の権利について、基地内では、浚渫《しゅんせつ》、埋め立てを含む建築、建築物の移動や追加、港湾、水路、港門、投錨地、深水の改良、出入りのための道路・橋の構築・維持ができるとしています。

また基地とその「近傍」では、つまり、基地の外でも、船舶、船艇、航空機、車両の投錨、係留、着陸の管理ができるとしています。

さらに、有線・無線の通信施設、海底・地中の電線、引き込み線とともに、地下、地中、水上、水中でも兵器、物資、装置、船舶、車両を構築できるなどと規定しています。

第二次世界大戦で日本が降伏した後、米軍は、敗戦国に進駐した占領軍として、日本の憲法・法令にとらわれることなく、日本の国土や領海・領空を自由勝手に使いました。

占領統治は、日本政府を通ずる間接統治方式をとったので、占領軍総司令部が必要とすることは日本政府にやらせました。

日本が独立すれば、当然、憲法・法令が実行されることになります。ところが、占領が終わり、憲法や法令が実行されるようになっても、アメリカは安保条約にもとづく行政協定と岡崎・ラスク交換公文によって、占領下にやっていたことを引き続き実行できるようにしたのです。

「必要に応じて」というのは、たとえば、アメリカが米軍航空機の飛行に邪魔だと思えば、障害物を撤去することなどを指しています。

マッカーサーが、公電七九八で述べているのは、基地の周辺や隣接地に限りません。

マッカーサーは、米軍の基地に出入りする米軍の権利として、地位協定第五条第二項をあげています。

第五条第二項は、米軍の航空機や車両が、基地に出入りし、基地間を移動し、あるいは基地と港湾・空港の間を移動できると書いています。

マッカーサーが、この条項をもちだしたのは、旧安保条約・行政協定のもとで、米軍が、占領時代と同じように、基地への出入りも、基地間の移動も、基地と港湾・空港間の移動も自由にやっていたからです。地位協定第三条第一項後段と第五条第二項は一体であり、米軍は区別をしていませんでした。このため、米軍航空機が日本の空を超低空で飛び回っているのを国会などで追及されると、日本政府は地位協定第五条によって、その正当化をはかってきました。

さらに、マッカーサーは、ラスク・岡崎合同議事録の航空管制に対するアメリカの権利をあげています。

航空管制は、本来は、民間も軍事も統一的に管理され、民間優先でなければなりません。どこの国もそうしています。空の安全、乗客の生命を第一に考えるなら、当然のことです。

しかし、ラスク・岡崎交換公文により、行政協定第六条では、非軍用・軍用の航空管制を、安保条約の利益を達成するため調整すると書かれました。

マッカーサーの公電七二一によると、藤山は主権喪失の航空管制に対して異議も出さず、行政協定第六条がそのまま地位協定第六条になりました。

このため、いまの地位協定第六条のもとでも、航空管制権の重要な一部がアメリカ軍に握られています。

その一つ、東京、神奈川、静岡、山梨、長野、新潟など各県にまたがる広大な「横田エリア」は、米軍専用の管制区域となっており、民間機はこれを避けて飛行しなければなりません。山口県の岩国基地の進入管制空域「岩国エリア」は、広島、島根から四国の愛媛県にまたがっています。

群馬県や島根県では、米軍が設けた「横田エリア」が自衛隊の訓練空域と重なっており、米軍機は自衛隊訓練空域で頻繁に低空飛行訓練をして住民に大きな被害を与えています。

米軍は沖縄でも、第二次世界大戦終了からずっと管制権を握っていました。嘉手納ラプコンと呼ばれ、那覇空港に離着陸する飛行機は一〇キロにわたり三〇〇メートル以下で飛行することを義務づけられていました。同空域は二〇一〇年に日本側に返還されましたが、全面返還ではなく、米軍機の飛行に支障がない場合に限られ、この点でも米軍優先です。

第二次世界大戦後、米軍などの占領下にあったドイツ連邦共和国も、かつて米軍航空機の低空飛行訓練が大きな問題になっていました。

しかし、一九九三年のボン協定の改正により、ドイツの空域における訓練の遂行には「ドイツ空域への立ち入り及び使用並びに国際民間航空機関の標準及び勧告方式の範囲内にある航空設備及び航空施設の使用に関するドイツ法令が適用される」（第四六条一項）と、ドイツ国内法の適用が明確にされました。

＊「治外法権の色合い」と法律顧問

先に基地内の権利のところで紹介したベイン国務省北東アジア局法律顧問の覚書は、基地の外の権利についても、次のように書いて国務省北東アジア局長に進言しました。

◈部内覚書、ベイン法律顧問からパースンズ国務次官補へ、一九五九年九月二六日、秘密、主題：行政協定改定に対する日本側提案

b　施設の外の権利
行政協定は、「施設に隣接し、およびそれらの近傍の土地、領水および空間に対して、その支持、防衛、管理のために必要なものとして、権利、権能、権限」をアメリカに与えている。

それはまた、「必要な場合」にだけ、そうした権利を行使することについて、日本政府と協議することが必要としている。

太平洋軍司令官（ＣＩＮＣＰＡＣ）はこの規定の内容を秘密了解で決めたいと考えているけれども、マッカーサー大使は「必要に応じて」という語句を削除する権限をもっている。日本側は、この問題でドイツ・フォーミュラ（引用者注――ボン補足協定第五三条のこと）の方向に、われわれの権利をいくらか改定したいと表明してきた。ドイツ協定は、防衛のために、基地の外では、米軍に同様の権利を与えないで、代わりにドイツが必要な措置をとることを規定している。いずれの合意も、出入りする権利については、別の規定があり、日本側は［地位協定］第三条の規定はもともと路線権の規定に関するものであって、国防総省が主張しているような出入りする権利に関するものではないと強調している。

われわれは、日本国内で米軍基地が保持している権利を重大な危険にさらしたくないのであれば、実際問題として、日本政府の支持なしには、施設の外では権利を行使する立場にはないのだから、ドイツ型の規定を受け入れることができると思われる。さらに、現在の行政協定の条文は、治外法権の色合いがある。

Office Memorandum, From Bane to Parsons, September 26, 1959, Confidential, Subject : Japanese Proposals for Revision of Administrative Agreement, RG59, 1955-59, Box2584

ベイン法律顧問のこの覚書は、「必要に応じて」という言葉は、マッカーサーが国務長官あて公電で述べているような、基地の外でアメリカが土地をとったり建物を撤去したりできるようなものではなく、「必要な場合だけ」行使できる権利だと述べています。その上で、米軍基地を日本に引き続き置きたいのなら、治外法権の色合いがある基地外の権利などやめて、ボン協定の規定に合わしたほうがよい、というのです。

国務省法律顧問のこの勧告を読む限り、日米の地位協定も、ボン協定の規定と同じか、たとえ多少は違っても、ごく近いものになると思うのが当たり前です。

ところが一一月一六日に、藤山はボン協定ではなく、ベインが治外法権の色合いがあると言った方の条文を提案したのです。

マッカーサーはこれを報告した公電一五五七で、行政協定の問題の条項に関する藤山との長時間の会談で、藤山が米側の提案を十分に研究し、米側が「ドイツと一致したものに実質的につり合いがとれるように扱った」ことに謝意を述べた上で、次のような提案をしたと報告しました。

◆公電、マッカーサーから国務長官へ、番号一五五七、一九五九年一一月一六日、午後八時、（セクション４の１）、秘密、国務省受領：一一月一六日午前一〇時一一分

日本政府は、施設の外における権利に関する、米側提案の最初の文章に感謝し同意すると述べた。藤山は、若干の議論をした後で、下記のような代わりの条文を提案した。彼はそれを、

われわれ［米軍］が施設に出入りするために必要な行動をとる、議論の余地のない権利をアメリカに与えるつもりであり、日本側から見て必要な二つのことを実現することになると述べた。（A）日本政府がアメリカのために必要な措置を通常とっている現実に存在している状況を明確にする。（B）たとえば、第五条第二項のもとでの日本政府の責任という点から見ると、路線権の条項の関係で、日本政府が支出するための法的基礎をつくる。

Telegram, From MacArthur to Secretary of State, N0.1557, November 16, 1959, 8pm (Section 1 of 4), Confidential, Rec'd : November 16, 10:11am, RG59, 1955-59, Box2580

◆公電、マッカーサーから国務長官へ、番号一五五七、一九五九年一一月一六日、午後八時（セクション４の２）、秘密

藤山の提案は、実質的に、ドイツ協定でわれわれが得ているものより、いっそうよい取り決めの基礎をわれわれに提供してくれる。最後の文書の第一パラグラフの「協議」に関しては、日本政府がわれわれのため必要な措置をとらなければ、われわれは一方的に行動する自由があると、もちろん藤山から明白な言明を得ている。

Telegram, From MacArthur to Secretary of State, No.1557, November 16, 8pm, (Section 2 of 4), Confidential, RG59, 1955-59, Box2580

藤山は、背後にいる岸とともに、米軍基地の権利についての地位協定第三条の規定があたかもボン協定と同じものであるかのように、あいまいにして、あるいはごまかして、地位協定の同項の条文を、行政協定と変わらないものにすることをマッカーサーに申し出たのであり、そして、マッカーサーは、それがドイツ協定より、アメリカにとってよりよいものだと本国に報告したのでした。

藤山が一九五九年一一月一六日に提示した地位協定第三条第一項のテキストに対するマッカーサーの上記のコメントは、地位協定が半世紀をこえて日本国民を苦しめている、そうした条項が安保改定交渉における、藤山ら岸内閣の、いかに無責任な行動によってつくられたのかということを教えています。

ハーター国務長官は一九五九年一二月一日の公電で、マッカーサーに「関係法令の範囲内で」という文言の削除を求めるという、新たな要求を持ち出してきました。それを除いて、ドイツ協定により近い文言に一致させるという日本側提案に同意する用意があるというのです。

◆公電、ハーター国務長官からマッカーサーへ、一九五九年一二月一日、午後五時、番号一三一四、秘密

第三条第一項：われわれは、ドイツ協定により近い文言に一致させるという日本側の第三条第一項の提案に、次のことを除いて同意する用意をしてきた。［われわれは］「関係法令の範囲内で」という語句を削除することを望んでおり、それはドイツ協定第五三条の六には含まれていない。

Telegram, From Herter to MacArthur, No.1314, December1, 1959, 5pm, Confidential, RG59, 1955-59

基地の中でも、治外法権でない以上、日本の法令が適用されることは、日本政府も国会答弁や内閣法制局の文書で明確にしています。

まして、基地の外では、たとえ日本政府が米軍の必要に応じて措置をとるとしても、それを「関係法令の範囲内」でやるのは当たり前のことです。ところが、ハーター国務長官はそれさえも、削除せよと言ってきたのです。

米軍基地内のアメリカの権利に関しては、一九六〇年一月六日に、藤山とマッカーサーの間で、地位協定では文言は変わったが、行政協定下の権利がそのまま続くという密約が結ばれたことを先に見ました。その文書では、この密約につづけて、基地の外でも、重大な密約が書かれていたのです。

この密約によれば、米軍は基地の外で、日本の法令を遵守するよりも、米軍にとって邪魔になる法令を変えるよう要求できることになります。

一九六〇年一月六日、密約文書、藤山外相とマッカーサーがイニシアル署名

「関係法令の範囲内で」という文言に関して、現に効力のある法令が不適当であることが分かった場合、日本における米国軍隊の防衛責任が満足できる形で果たせるようにするため日本の法令の改正を求めることの望ましさまたは必要性について合同委員会は論議する（新原昭治『日米「密約」外交と人民のたたかい』二〇一一年九月三〇日、新日本出版社四三ページ）。

＊行政協定の米軍特権はそのまま

駐留軍とそれぞれの国の国内法との関係は、日米の地位協定とボン協定とでは、基地の中でも外でも、大きな違いがあることを見てきました。

岸内閣が安保改定をやると言った最大のうたい文句は、日米間を「対等の関係に」であり、「自主性の回復」でした。

一九六〇年一月一九日にワシントンで新安保条約や岸・ハーター交換公文は、安保改定の交渉段階でも新聞などで報道されていましたが、同時に調印された地位協定については、岸内閣の報道規制などにより、国民には知らされませんでした。

そこに書かれていることは、まさに国民の生活や権利に関わるだけに、その内容が国民に広く知られれば、安保条約と米軍駐留に反対する世論の火に油を注ぐことになることは明らかでした。

そうさせないために、岸内閣とアイゼンハワー政権はどのような方法をとったでしょうか。それは、名前は大きく変えるが、行政協定の中身には手をつけないで、そのまま地位協定にするという方法でした。

こうして、「日米行政協定」という短い名前の協定は、「日本国とアメリカ合衆国との間の相互協力及び安全保障条約第六条に基づく施設及び区域並びに日本国における合衆国軍隊の地位に関する協定」と、えらく長い名前になりました。

しかし、協定で変わったのは、米軍の基地特権を保証した第三条第一項冒頭の文章「権利、権力および権能を有する」が「すべての措置を執ることができる」という文言になっただけでした。

このように安保改定によって、日本は米軍と一緒に戦争する共同作戦（第五条）や軍備増強の義務（第三条）を負わされた上、戦後の占領軍の特権を盛り込んだ行政協定の内容はそのまま存続することになりました。


一九五九年の行政協定改定、すなわち地位協定の交渉では、自民党政権であっても、米軍の行動を憲法・法令の下に置くかどうかが鋭く問われていました。一九五九年三月三〇日には米軍の日本駐留は憲法違反であるという東京地裁判決（伊達判決）が出され、八月三日には駐留ＮＡＴＯ軍には基地内であってもドイツ法かまたはそれよりも厳しい派遣国の国内法を適用すると定めたボン協定が調印されていました。

岸と藤山は、安保改定交渉を国民から隠れた秘密交渉とし、閣僚や自民党幹部さえ寄せ付けない方法によって、米軍の無法行為を継続する一連の取り決めを強行したのでした。外務省「日米地位協定の考え方・増補版」が持ち出す日米取り決めは、それをさらに拡大解釈して作られています。

帝国ホテルでの秘密交渉が合法性を欠いていることは、マッカーサーがよく知っていました。だからこそ、ワシントンでの地位協定調印を前にして、密約文書をつくり、藤山にイニシアル署名をさせる必要があったのでしょう。

密約は、それを結んだ政府を拘束しますが、国会で決定されたものでない以上、国民は拘束されません。政府が国民に約束したことは、基地内のそれについての安保国会での政府答弁、内閣法制局の見解と同じく、基地の外でのアメリカの権利についても、次の国会答弁です。

森治樹外務省アメリカ局長、一九六〇年六月一二日、参議院安全保障特別委員会

今度の「地位」協定では、日本側がまず必要な措置を法令の範囲内においてとる。そうしてアメリカ側も権能を有しているけれども、その権能の行使にあたっては、必要に応じてでなく、常に日本側と協議の上とらなくちゃいけないことになっている。従って、施設外においては、大いに従来と実体的な相違がある（参議院日米安保条約等特別委員会議録第七号一八ページ）。

Ⅲ章　米軍は地球のどこにも出撃する

1　国家安全保障公文書館での発見

＊国立公文書館では削除されていたが…

二〇一三年九月末、ニューヨーク州ハイドパークの国立ルーズベルト図書館で調査をしていた私は、突然、「明日から閉鎖になるかもしれない」と通告されました。

ハイドパークはニューヨーク市からハドソン川に沿って列車で一時間ほどさかのぼったところにあります。数日間はハドソン川畔の秋を楽しんでいましたが、図書館はいつまでたっても再開されません。ワシントンＤＣに戻っても、ペンタゴン（国防総省）を除いて、国立公文書館をはじめすべての連邦政府機関が閉鎖されていました。中間選挙で下院の過半数を握った共和党が、オバマ政権の予算案の通過を妨害したためでした。

私は、これはいい機会だと考え、かねて新原昭治氏から勧められていた、国家安全保障公文書館（ＮＳＡ。National Security Archives）を訪ねました。

国家安全保障公文書館は民間の研究機関です。情報自由法を活用して、国立公文書館や各地の大統領図書館でまだ開示されていない文書や、安全保障上の理由により閲覧制限されている文書を要求し、しばしば重要な文書を入手しています。記者会見などで発表される文書はニュースとなって、世界のマスコミをにぎわしています。

民間の研究者がアメリカ政府部内の人たちとも信頼関係を築いて研究を深め、秘密におおわれた軍事・外交・安全保障に関する政府の活動を、アメリカ国民をはじめ世界の人びとに明らかにする努力をしています。

国家安全保障公文書館は、ワシントンDCのメイン・ストリート、ペンシルバニア通りをホワイトハウスから議会議事堂のほうに少し歩いたところにあるジョージ・ワシントン大学に事務所を構えています。同公文書館のアーキビスト（専門職員）のメアリー・エリザベス・カリ女史は、私の調査目的をきくと、関係するアメリカ政府文書のファイルを用意してくれました。カリ女史が依頼して、ペンシルバニア州在住の研究者はアイゼンハワー大統領図書館などで入手した文書を、宅配便でNSAの事務所に送ってきてくれました。

同公文書館が保管している文書の中に、カレッジパークの国立公文書館では肝心の部分がすべて削除された公電を、削除される前の状態で発見できたのは嬉しいことでした。

文書は、一九五九年四月九日、核兵器持ち込みと日本からのアメリカ軍の出撃について、マッカーサーが、藤山とのあいだで密約が成立したことをダレス国務長官に報告した極秘公電です。

＊マッカーサーからダレスへ極秘報告

その意味や背景などは後で説明することにして、削除のない全文をまず紹介します。

◆公電、マッカーサーからダレス国務長官へ、番号二〇七六、一九五九年四月九日、極秘

［事前］協議の定式（フォーミュラ）を議論する中で、藤山は、大使館公電一一一五［一九五八年］一一月二八日で述べているのとほとんど同じように見える案文を私に見せた。しかしながら、それは［安保］条約の付属文書の形をとっていた。そして、藤山は、合意議事録や交換公文ではなく、条約の付属文書の形にすることを強い調子で主張した。

私［マッカーサー］は、アメリカ憲法のもとでの権力の分離（行政部と立法部）について藤山に説明した。そして、日本政府が［事前協議の］定式の承認を得るために国会に提出する、しないは、もちろん自由だが、事前協議の定式はアメリカ上院の批准を必要とするので、条約の付属文書とするのは適切ではないと述べた。彼［藤山］は、［事前］協議の定式を交換公文で処理し、［新安保］条約及び新行政協定［地位協定のこと］と同時に調印されるようにすることを、日本政府に勧告することに最終的に同意した。

［事前］協議の定式が意味することについて、われわれの理解に間違いがないように、私は藤山に、トーキング・ペーパー［会話用準備書］により、次のようなわれわれの理解を読んで聞かせた。

1．定式は、合衆国軍用機の飛来（エントリー）、合衆国艦船の日本領海や港湾への立ち入り（エントリー）を含めて、合衆国軍隊とその装備の日本への持ち込みに関しては、まったく満足

できる機能をしており、現在の手続きに影響されるものとは解釈されない。

2.「配置における重要な変更」に関する［事前］協議は、日本国への核兵器の持ち込みに限定される。私［マッカーサー］が一〇月四日（大使館公電七四三、一九五八年一〇月五日）に指摘したように、［事前協議の］定式は、たとえば、核弾頭なしのミサイルのような、通常兵器の持ち込みには適用されてはならない。

3.［事前］協議は、合衆国軍隊の、日本からの引き揚げ（withdrawal）には必要ないが、そのような引き揚げでは、前もって日本当局に通知する現在の手続きに従うことが期待される。

（傍線は引用者）

4.軍事作戦に関する［事前］協議は、［安保］条約第五条の規定のもとでとられるものを除いては、日本の基地から発進する日本の領域外での軍事戦闘作戦だけを扱う。

藤山は、われわれの理解を受け入れ、困難はみられないと述べた。

（コメント：日本側は、定式についてのわれわれの理解を受け入れる一方で、もしわれわれが実際問題として、ＩＣＢＭ〈大陸間弾道ミサイル〉やＩＲＢＭ〈中距離弾道ミサイル〉を持ち込みたいと考え、そしてわれわれの利益に対する重大な影響を避けようとするなら、これらの兵器が重大な危機をつくりださないように、日本と協議しなければならない。）

Telegram, From MacArthur to Secretary of State, N0.2076, April 9, 1959, Secret, National Security Archives

私は、同じ文書を、メリーランド州カレッジパークの国立公文書館で二〇一一年春に発見し、コピーしていました。ところが、その公電では、「私は藤山に、トーキング・ペーパーにより説明した」と述べたあとに続く、肝心の内容に書いた1から4までの約三〇行が、安全保障の理由ですべて削除されていました。(Telegram, From MacArthur To Secretary of State, No.2076, April 9. 1959, 9pm Secret, RG59, 1955-59 Box3970)

削除された所にはいったい何が書かれているのか。アメリカ政府がいったんは開示しながら、肝心の中身はすべて削除しなければならない秘密とは何なのか。

岸首相とハーター国務長官は一九六〇年一月六日にワシントンで、現行安保条約と地位協定に調印した際には、核兵器持ち込みとアメリカ軍の戦闘作戦行動のための基地使用は、事前協議の主題とすると書かれた交換公文（岸・ハーター交換公文）に調印しました。

はたして、国家安全保障公文書館（ＮＳＡ）で入手した公電二〇七六の全文を見ると、国立公文書館の文書で削除されていたのは、１、２が核兵器持ち込みに関する記述であり、３、４は米軍の戦闘作戦行動への出撃に関する記述でした。

岸内閣が一九五八年一〇月にアメリカ政府と公式協議をはじめた安保改定交渉に対して、多くの国民がもっとも大きな不安をもったのが、核兵器の持ち込みと米軍の出撃がどうなるかということでした。

旧安保条約のもとで米軍は、アメリカの軍事支配下にあった沖縄はもちろん、本土にも現実に核兵器を持ち込んでおり、核兵器を積載した艦船や航空機が横須賀をはじめ日本の基地から台湾海峡や南シナ海に出動していました。

アイゼンハワー政権は、台湾海峡で核兵器を使う用意があると言明していました。核兵器を装備した米第七艦隊の空母や巡洋艦が台湾海峡に出動したというワシントン電のニュースが新聞紙面を賑わせていました。

国民の間には、日本の基地から出動した米軍がアジアの紛争地域で核兵器を使うなら、日本は核戦争に巻き込まれる危険があるという不安が広がっていました。

日本は、広島、長崎に原子爆弾を落とされ、人類で最初の核戦争の犠牲になり、いまも多くの被爆者が放射能の影響に苦しみ、いつ発病するかと恐怖にさらされています。一九五四年三月一日には、太平洋上のビキニ環礁でアメリカの水素爆弾実験により、マグロ漁船の第五福竜丸が死の灰を浴び、機関長の久保山愛吉さんは死去しました。

このため、日本に核兵器を持ち込まないでほしい、米軍は日本の基地を使ってアジアの戦争に出撃しないで欲しいという切実な願いをもって、安保改定交渉のなりゆきを見守っていたのでした。

これに対して、岸内閣は、核持ち込みも、米軍出撃も、事前協議の対象とし、アメリカから事前協議の申し入れがあれば、ノーと言って拒否するから大丈夫だと言いました。

しかし、これはウソでした。それをごまかすための大芝居が、岸・ハーター交換公文で取り決めた事前協議でした。

マッカーサーがダレス国務長官にあてた一九五九年四月九日の極秘公電によると、航空機や艦船の日本領海立ち入りや寄港による持ち込み（エントリー）は「現在の手続きに影響しない」として事前協議の対象外としています。

航空機の着陸や艦船の寄港などによる核兵器の持ち込みは事前協議をしないということは、アメリカ軍は事前協議なしに核兵器を積んだ航空機や艦船が日本の基地、空港、港湾に入ってよろしいということです。

岸首相は、安保改定の公式交渉をはじめてまだ半年もたたないうちに、このような核兵器持ち込みの密約を結びながら、それを隠して、九カ月後の一九六〇年一月一九日に岸・ハーター交換公文に署名したのでした。

＊伊達判決の一カ月後に米軍出撃密約

一方、アメリカ軍の出撃についての密約は、もう少し手がこんでいます。

マッカーサーが「日本からの米軍の引き揚げ（withdrawal）には協議は必要ない」とした「協議の定式」（コンサルタント・フォーミュラ）の合意をダレスに報告した一九五九年四月九日といえば、米軍駐留は憲法違反とした三月三〇日の伊達判決からまだ一〇日しかたっていませんでした。

伊達判決は、とくに安保条約第六条の極東条項をあげて、米軍基地がアメリカの判断で海外での軍事行動のために使われるため、日本が武力行使の渦中に巻き込まれ、戦争の惨禍が日本に及ぶ危険があることを指摘しました。

ダレスあてマッカーサーのこの極秘公電には、藤山は一九五八年一一月二八日の大使館公電一一一五とほとんど同じ事前協議の定式の案をマッカーサーに示したと書かれています。

大使館公電一一一五とは何でしょうか。マッカーサーは「岸と藤山は日本国内の基地使用が日本のできる最も重要な貢献だ」ということを明確にしたと述べた上で、次のように報告しています。長い電文ですが、核心部分を紹介しましょう。

◆公電、マッカーサーから国務長官へ、番号一一一五（セクション2の2）、一九五八年一一月二八日、午後六時、極秘、国務省受領：一一月二八日午前一一時五七分

内輪の（private）、秘密の（confidential）、私的な（personal）ベースで、外務省当局者は、藤山が考えている［事前］協議の案を私のスタッフに見せた。読むと、「日本国内の合衆国軍隊の配置における重要な変更（その装備を含む）と、日本防衛以外の軍事作戦のための基地としての日本国内の施設・区域の使用は、日本政府との［事前］協議になる」とある。現在、［外務省当局者は］日本からの引き揚げ（withdrawal）は通知されるだろうが、「協議」することは考えていないし、必要もないと強調した。

Telegram, From MacArthur to Secretary of State, No.1115 (Section 2 of 2), November 28, 1959, 6pm, Secret, Rec'd : November 28, 11:57am, RG59, Box2580

一九五八年一〇月四日に帝国ホテルの密室で安保改定公式協議をはじめて二カ月もたたないうちに、外務省は米軍の出撃を「引き揚げ」として事前協議の対象にしない案を、マッカーサーに渡していたわけです。

マッカーサーはこの公電のなかで、山田久就事務次官とみられる外務省当局者が米大使館員に渡した事前協議の案で、米軍の「引き揚げ」(withdrawal) には事前協議は必要ないと書いていたので、「日本が関与しない極東の戦争にわれわれが関わるなら、作戦的に使用する可能性をもって兵站支援のために基地を使ってもよいと分別をもって言ってくれると期待してよい」と述べました。

極東の戦争に「作戦的に使用する可能性をもって」日本の基地を使うのですから、これは戦闘作戦に出撃してもよいということです。

公電一一一五を一九五八年一一月二八日午前一一時五七分に受領した国務省からは、その日のうちに、まずハーター国務次官から、ついでダレス国務長官から、極秘公電が来ました。

ハーターの極秘公電八〇二は、米軍が日本から引き揚げ (pull out)、日本以外の太平洋地域の基地から作戦行動をしければならないとすれば、日本の米軍基地も駐留米軍も防衛に役立たなくなると述べていました。Withdrawも、pull outも、ここでは引き揚げるという意味で使われています。グアムのような、太平洋にある米軍基地ではなく、日本の基地から「引き揚げ」て作戦行動できることが必要だというわけです。電文は省略します。

一方、ダレスの極秘公電は、国防総省と協議した上で、安保改定で日本側と結ぶ事前協議の文書では、出撃を「引き揚げ」と言い換え、それも戦闘作戦行動への直接発進の場合だけだと、事前協議をする必要がないように二重三重の仕掛けをつくるようマッカーサーに指示したものでした。

◆公電、ダレスからマッカーサーへ、番号八二四、一九五八年一一月二八日、午後三時五八分、極秘、

あなたが先に日本政府に指摘したように、［事前］協議の定式に関する確認された了解は、（a）日本における合衆国軍隊の配置とその装備に関する現在の手続きに影響するものとは解されない。［一行半黒塗り削除］（b）配置における重要な変更」に関する［事前］協議は、日本への核兵器の持ち込みに限られる。（c）［事前］協議は合衆国軍隊の日本からの引き揚げ（withdrawal）には必要としない。（d）「日本防衛以外のための軍事作戦」に関する事前協議は、日本の域外における戦闘作戦（作戦使用）への日本の基地からの直接発進のみを対象とする。

このメッセージは国防総省が了解済み。

ダレス

Telegram, From Dulles to Embassy for MacArthur, No.824, November 28, 1959, 3:

58pm Secret, RG59, 1955-59

藤山は、安保改定の公式交渉が始まるのに先立ち、一九五八年年九月一一日に、ワシントンでダレス国務長官と会っています。このときに、米軍の出撃を「引き揚げ」と言い換える〝知恵〟をダレスから授かっていたと考えられます。

マッカーサーのつぎの公電が、そのことを示唆しています。

◆公電、マッカーサーから国務長官へ、番号七四三、一九五八年一〇月五日、午後三時、極秘、国務省受領：一〇月五日午前四時三九分（セクション2の2）

私は次に、核兵器持ち込みと緊急時の米軍基地の作戦使用に関する、日本政府の［事前］協議の要求にこたえるために提案された定式（formula）を検討した。私は、九月一一日に藤山が［ダレス］国務長官に述べたことを想起した。（傍線は引用者）

そこで彼［藤山］は、日本地域に侵略がある場合には日本側が必要な作戦基地を日本政府が提供するが、日本の領域外でアメリカに対する侵略がある場合には、米軍を支援するための基地の現在の兵站使用が続くと述べた。日本の領域外における、他の自由アジア諸国に対する共産主義の侵略に対応して、日本国内の施設を使用することは、きわめて重要なことである、と私は指摘した。（中略）

私は、［事前］協議の定式は米軍基地の作戦使用（Operational Use）に適用されること、定式はこれら施設の兵站のための使用の障害をもたらさないことを強調した。

Telegram, From MacArthur to Secretary of State, No.743, October 5, 1958, 3pm, (Section 2 of 2), Secret, RG59, 1955-59

マッカーサーは、この日、同じ午後三時の国務長官あて極秘公電（セクション2の1）で、「日本の領域外」でのアメリカの軍事行動に際しては「日本が必要な作戦基地を提供する」と、当然のように書いています。

ワシントンでは、米軍の出撃を「引き揚げ」と言い換えて、事前協議を不必要にする密約に合わせた動きが進んでいました。

一九五八年一〇月二八日には、米海軍の作戦・政治副部長が国防次官補に極秘覚書を提出し、新安保条約の事前協議の対象を「戦闘作戦行動への直接発進の場合」とすることを要求しました。

◆覚書、ロバート・デニソン海軍作戦・政治副部長から国際安全保障担当国防次官補へ、一九五八年一〇月二八日、極秘、主題：米軍基地の「作戦的使用」の定義

問題は、米軍基地の（「兵站」のための使用とは区別された）「作戦使用」に関する「協議の定式」の言葉の意味に関っている。この点に関して、日本側は合意された解釈が必要だと述べている。というのは、たとえば社会党など野党は、第七艦隊が横須賀や佐世保から兵站支援に出て行くのも、米軍基地の「作戦使用」としているからだ。［（ ）内は覚書原文］（中略）

［中国の］山東半島を攻撃する目的を明確にしている水陸両用部隊が横須賀に入港すれば、基地を「作戦的に」使用すると見なされる。この場合は戦闘作戦への直接の発進である。

Memorandum for Assistant Secretary of Defense, October 28, 1958, Secret, Subject : Definition of "Operational Use" of U.S. Bases, RG218, 092 Japan (12-12-50) Dec28

米海軍は、安保改定交渉が公式に始まる前から、事前協議は戦闘作戦への直接発進に限定するよう要求し、こうした国防総省の要求を受けて、ダレスはそれに「引き揚げは事前協議を必要としない」として、事前協議の対象をさらに徹底して密約を結ぶことをマッカーサーに指示したのです。

それから間もない一九五八年一一月一〇日、ハーター国務次官はマッカーサーへの極秘公電で、国務省と国防総省が合意したことだとして、「日本側が日本国内の米軍基地を自由世界の防衛のために、アメリカが使用することを許容する用意がないのであれば、新たな条約に関していかなる合意もする可能性はなくなる」とした上で、いくつかの問題について見解を署名入りで、次のように伝えてきました。

◆公電、ハーターからマッカーサーへ、番号七〇七、一九五八年一一月一〇日、午後七時一九分、極秘

「作戦使用」という用語についてのわれわれの解釈は、「戦闘作戦の直接発進のための米軍基地を使用すること」である。

ハーター

Telegram, From Herter to MacArthur, No.707, November 10, 1958, 7:19pm, Secret

このような積み重ねの上に、一九五九年四月九日の国務長官あて極秘書簡二〇七六で報告した藤山との密約に行きついたのでした。

極秘書簡二〇七六から一カ月後の五月一〇日、マッカーサーは国務省に次のような報告をしました。

◆公電、マッカーサーから国務長官へ、番号二三五七、一九五九年五月一〇日、午前一一時、秘密、国務省受領：五月九日午後一一時二五分

［事前］協議について。「展開する」という言葉は「引き揚げる」という意味だけではない。日本では、それがわれわれの軍隊を日本の基地からの戦闘作戦に使うという意味に解釈されており、われわれは引き揚げるだけでなく、他のところに移動するのだと考えられている。

藤山と岸は、われわれの軍隊の引き揚げは［事前］協議しないことに完全に同意した。した

がって、私は次の文言が公開の定式に含まれることを最も強く力説した。

「米軍とその装備の日本からの引き揚げに関しては、［事前］協議を必要としない。しかしながら、そうした引き揚げに先だって日本政府に通告する現在の手続きを踏襲するつもりである」

この記述は、現在の手続きを維持するのだから、われわれが何かを約束するわけではなく、日本に対してすでに提案していることは、ワシントンの立場にもとづくものだ。もし彼［岸］がこの問題を国会で扱うのであれば、岸がこの点について、そうした方式をとることが絶対に必要だ。

Telegram, From MacArthur to Secretary of State, No.2357, May 10, 1959, 10am, Confidential, Rec'd : May 9, 11:25pm, RG59, 1955-59, Box2580

＊移動という米軍出撃に異議唱えず

マッカーサーは、日本では「引き揚げ」が、米軍を日本の基地から移動させ、「戦闘作戦で使う」と言う意味で実際に使われていることを確認したうえで、「引き揚げ」は事前協議を必要としないことを、岸と藤山に完全に同意させたのでした。

マッカーサーはこの公電で、「岸がこの問題を国会で扱うのであれば、そうした方式をとる必要がある」と要求しています。実際、一九六〇年二月一二日の衆議院予算委員会では、社会党議員が

「台湾海峡の金門、馬祖に直接展開すれば、在日米軍が戦争に入ることになるが」と質問したのに対して、藤山は「米軍がどこに移動しても、事前協議の対象ではない」と答弁しました。

こうして、米軍の出撃を認める密約は、核兵器持ち込みの密約とともに、「討論の記録」として文書化され、新安保条約、事前協議の定式を書いた「岸・ハーター交換公文」とともに、一九五九年六月二〇日に東京のアメリカ大使館から外交行嚢《こうのう》でワシントンの国務省に送られました。

安保条約のもとで日本国民の不安は、日本がアメリカ軍の出撃拠点となり、それにより日本がアメリカの戦争に巻き込まれるということにありました。そして、岸内閣は、核兵器の持ち込みとともに、米軍が戦闘作戦に出撃する際には事前協議があるとして、これを日本がアメリカに対してより対等の立場になると、安保改定の目玉として宣伝したのでした。

日米政府は、日本の基地からの海外紛争地域への出撃をなぜ密約にしなければならないのでしょうか。それが岸・ハーター交換公文という日米間の取り決めに違反しているのはもちろん、憲法第九条に違反し、日本を戦争に巻き込むものとして日本国民の大きな不安と怒りの的になっていたからです。

そのことをよく知っているのは、当のアメリカ国務省です。

ディロン国務長官代理は一九五九年六月一六日には、第六条も心配だと、次のようにマッカーサーに打電しました。安保条約五条と六条に憲法のことを書き込むことをめぐる藤山とマッカーサーの協議が最後のヤマ場にあった時の公電です。

◆公電、ディロンからマッカーサーへ、番号一九七二、一九五九年六月一六日、午後七時三〇分、秘密

合憲性についてのそれぞれの条項に関するわれわれの大きな心配は、[安保]条約で憲法の制限について言及すれば、日本に対して直接の攻撃があった時以外に、米軍が日本の基地を使うことが妨げられることにある。われわれの心配は、もともと憲法第九条からきている。日本が「戦争」に巻き込まれるかもしれないと考えられている状況のもとでは、これ[憲法第九条]は、基地の使用を許すことととともに、日本が基地を設けることを排除しているのだ。この点で、国防総省は、日本が提出した法律文書では安心していない。

Telegram, From Dillon to MacArthur, No.1972, June16, 1959, 7:30pm, Confidential, RG59, 1955-59, Box2918

アレクシス・ジョンソン国務次官は一九七〇年一月二七日、米上院外交委員会対外公約小委員会(サイミントン委員会)で、次のように証言しました。

核兵器持ち込みの問題は別として、明快なケースが一つあって、これをめぐってわれわれは合意に達している。それはアメリカの飛行機が他の区域を爆撃するために日本の基地から発進するケースである。一方、日本は、日本に駐留し、あるいは日本を通過するアメリカの飛行機が、日本国外

の基地に転属または移動し、そこから発進して戦闘に従事することについて、これまで一度も問題を提起したことがない。

Testimony of U.Alexis Johnson, Under Secretary for Political Affairs, Department of State, Hearings before the Subcommittee on the United States Security Agreements and Commitments Abroad of the Committee on Foreign Relations, United States Senate, January 27, 1970, Top Secret

いま日本政府は、アメリカとの無数の秘密の取り決め、すなわち密約で縛られています。これまでに明らかになっている日米密約の中で最も重大なのは、日本の基地からの米軍の出撃の密約と核兵器落ち込みの密約です。

2　極東は中東・アフガンに延びる

＊米統合参謀本部が語る「極東」の意味

米軍は、日本を防衛するために、日本に駐留しているのではありません。

アメリカ国防総省の当局者も、在任中こそ「日本とアジアの平和と安定」と言いますが、退任したあとは、そうではないと語ることが少なくありません。

一九九六年に日米政府が日米安保共同宣言を出して、アジア太平洋地域に対する日本の役割を強調したとき、コッサ元アメリカ国防大学研究部次長は、財界人や自民党幹部が会員になっている日本の政策提言団体の会合で「米軍は日本の利益を守るため日本に駐留しているという見方は間違っている」と述べました。

問題を解くカギは、「極東条項」にあります。

安保条約第六条には、アメリカ軍が「日本の安全」だけではなく、「極東における国際の平和及び安全の維持に寄与するために」駐留すると書かれています。いわゆる極東条項です。

極東条項は、一九五一年九月に安保条約が結ばれたときからありました。当時、アメリカと安保条約の交渉にあたっていた外務省の西村熊雄条約局長は後日、次のように書きました。

西村熊雄『日本外交史27サンフランシスコ平和条約』鹿島研究所出版会一九七一年

「極東における国際の平和と安全の維持」という一句が新たに加わり、しかも、末尾の文言が「――寄与するために使用することができる」となったために、在日アメリカ軍隊による日本防衛の確実性が条約文面から消えてしまった（一七三ページ）。

ここでいう「極東」は、地理的に無限定です。

マッカーサーは新安保条約がワシントンで調印された後まもなく、このことを安保改定の交渉で日本側と確認したとして、国務長官にあてた秘密公電で報告しました。

◆公電、マッカーサーから国務長官へ、番号二六二三、一九六〇年二月一二日、午後八時、秘密、国務省受領：二月一二日午前七時一二分

「極東」という用語は、もちろん、安保条約の交渉の中で議論された。それは、一般的な地域を示すものとして、国際関係において長い間にわたって使われてきた。たとえば、アジア極東経済委員会（ＥＣＡＦＥ。Economic Commission for Asia and the Far East）のような国際連合における文書や、一九五一年九月八日に調印された日米安保条約に見出される。この用語は、国際的に合意された定義はないので、明確な地理的範囲として定義されてはいない。

Telegram, From MacArthur to Secretary of State, No.2623, February 12, 1960, 8pm, Confidential, Rec'd : February 12, 7 : 12am, RG59, Micro Film, M1855, Reel 1312-1317

「極東」が地理的概念ではないことは、国連組織でも確認されており、旧安保条約でも、そういう意味で「極東」を使っていたではないか、というのです。

アメリカの軍部は、安保条約第六条の冒頭に「日本国の安全に寄与し」と書かれているのが、枕言葉《まくらことば》でしかないことを、条約を準備した当時から語っていました。

ブラッドレー統合参謀本部議長は七月一七日、国防長官に機密の覚書を送り、必要な場合は、中国本土（満州を含む）、ソ連、公海上を含め極東における米軍の軍事作戦の基地として日本を使用する権限が含まれることを確認するよう求め、もし国務省が、アメリカ軍の日本駐留にほかの目的を付け加えずに、安全保障のためだけというのであれば、それは受け入れられない、と述べました。

◈覚書、統合参謀本部から国防長官へ、一九五一年七月一七日、機密、主題：米日安全保障条約

統合参謀本部は、現在と予見しうる世界の諸条件のもとで、アメリカの安全保障利益は次のことを求めていると確固として見ている。

1．その国の安全保障のため米軍を日本に配備すること。

2．必要であれば、国連のお墨付きのあるなしにかかわらず、中国本土（満州を含む）、ソ連、公海上を含む極東における軍事作戦のための基地として、アメリカが日本を使用するのを承認すること。

3．朝鮮国連軍を引き続き日本全国で支援することが必要である限り、日本がこれを許容すること。

問題の条約は名前も条文も安全保障である。それはもっぱら軍事問題を扱っており、したがって軍事的考慮が最優先される。新条約案には、上述の必要性からだけ、すなわち、米軍の日本駐留はその安全保障のためと書かれているという事実からして、国務省が追加［の目的］

なしに、そのことにこだわるなら、それは受け入れられない。
Memorandum, From the Joint Chiefs of Staff to Secretary of Defense, July, 17, 1951, Top Secret, RG59, 1950-54

＊大国との衝突は避けて

しかし、その後、ソ連や中国と緊張関係にあった時も、実際に戦争したことはありません。一九六六年三月三日のアメリカ上院外交員会の秘密聴聞会で、マクナマラ国防長官は「ベトナム戦争が中国を巻き込む大戦争に発展する恐れはない」と証言しました。

アメリカが戦争する地域は、国際情勢やその中でのアメリカの世界戦略によって変わりますが、強大な軍事力をもつ大国との戦争は一貫して避けてきました。一九六〇年代中頃から七〇年代前半には、攻撃のホコ先をベトナム戦争に集中し、日本はベトナム攻撃への米軍の発進基地、兵站基地となりました。

一九六〇年に安保条約に組み込まれた米軍出撃の密約は、一九六九年一一月一七〜二六日の佐藤栄作首相訪米時に行われたニクソン大統領の首脳会談でその効果を実証しました。

同年一〇月二一日の日米共同声明は、核兵器基地としたままの沖縄本土復帰とともに、本土を米軍のベトナム、朝鮮、台湾海峡への出撃基地とすることをうたいました。

これに先立ちアレクシス・ジョンソン大使は、日米首脳会談のためにキッシンジャー大統領補佐官に極秘覚書を送り、添付したトーキング・ペーパー（会談発言用メモ）で本土と沖縄の双方を出撃基地として長期にわたり確保することを日本政府が保証してきたと報告しました。

◈覚書、アレクシス・ジョンソンからキッシンジャーへ、一九六九年一一月一三日、極秘、主題：沖縄協議

6．健全な日米関係は、返還問題の解決にかかっている。満足できるようにするためには、日本と沖縄の両方の基地の長期にわたる活力を保証する必要がある。

10．［基地］使用に関しては、日本政府は事前協議の権利を確保しなければならないとする一方で、南ベトナム人の機会を保証する米軍の努力を（一行削除）するため、沖縄基地の使用に関しては、行動の自由をわれわれに保証してきた。

Memorandum for Henry A. kissinger, From Alexis Johnson, November 13, 1969, Secret, Subject : Okinawa Consultations, RG59, Pol.7, National Security Council File

最近では、アメリカ軍が日本の基地から出撃した戦争で大きいのは、一九九〇年の湾岸戦争であり、二〇〇一年の九・一一同時多発テロのあと、米軍は、日本の基地からアフガニスタンやイラクの戦場に出撃しています。

その後の特徴は、国家と国家の戦争よりも、アメリカが中東やアフリカをはじめ地球的規模で地域的な紛争に軍事介入し、武装勢力やテロ勢力のような敵が、政治的あるいは軍事的に支配しているような地域に対して空から攻撃し、あるいは特殊作戦部隊を投入することが多くなっています。

3 横須賀空母母港化の密談

＊米第七艦隊の出撃拠点

一九七三年以来、米空母打撃軍部隊の母港となっている横須賀基地を例にみましょう。

横須賀基地は、中東・ペルシャ湾にも出撃する第七艦隊の拠点であり、空母艦載機の爆音や原子力空母の核事故の危険など、首都圏はもちろん全国各地で大きな被害を与えています。

ここは、第二次世界大戦後、アメリカがまっさきに米海軍の基地として確保することを明らかにした軍港です。米軍当局者は、トルーマン政権が公然と冷戦政策に転換した一九四八年ころから、そうした発言をしていました。

一九五〇年六月二一日、ジョンソン国防長官は、ダレス国務長官とともに横須賀基地を視察し、当地の海軍当局者との会談後、「同基地を絶対に確保すべきである」と述べました。（ＵＰ＝共同）。吉田首相が日米安保条約に調印して、占領終了後の米軍駐留に同意するより一年以上も前のことです。

横須賀基地は、旧安保条約下で、台湾海峡や南シナ海に出撃する米第七艦隊の拠点として強化され、神奈川県厚木基地における空母艦載機の夜間離着陸訓練（タッチ・アンド・ゴー）による爆音被害、航空機の墜落、物体の落下など周辺住民に耐えがたい苦痛や被害を早くからもたらしてきました。

＊母港化が密約の存在を証明

海外の戦争に出撃する空母の母港化は、事前協議に関わる密約の存在を改めて証明することになりました。レアード国防長官は一九七二年六月、ロジャーズ国務長官にあてた極秘書簡で、核兵器持ち込みの密約があることを指摘し、空母母港化に支障がないと述べました。

◈書簡、レアード国防長官からロジャーズ国務長官へ、一九七二年六月一七日、極秘

空母［母港化］に関する国務省の懸念は、事前協議は避けるべきだが、米艦船による核兵器積載の可能性に関する議論が日米安全保障取り決めを損なうかもしれないということが焦点になっているようだ。（中略）

法的関係では、この問題での日本政府との交渉記録は極めて明白である。ライシャワー大使は一九六三年四月に大平外相とこの問題を話し合い、大平は日本の海域や港湾に立ち入る艦船による核兵器持ち込みには事前協議は適用されないことを確認した。その後、日本政府はこの解釈に異議を唱えていない。
From Melvin R. Laird to William P. Rogers, Jun 17, 1972, Secret, RG59, Def15, Japan-US

横須賀の米空母母港化は、一九七二年八月三一日と九月一日にハワイ・ホノルルのクイリマ・ホテルで行われた当時の田中角栄首相とニクソン大統領の密談で具体的に動き出します。ハワイ会談に先だって、ロジャーズ国務長官は、インガソル駐日大使にあてた八月一〇日の極秘公電で、「大統領は田中だけと秘密の会談をしたいと希望している」と述べ、それは基地の使用にいかなる制限も設けたくないからだと述べていました。

◆公電、ロジャーズからインガソルへ、番号一四六〇一六、一九七二年八月一〇日、午前一一時、極秘

大統領は、田中だけと、彼の通常のやり方で、秘密の会談を持つことを希望していると日本側は言われてきた。会談の時間は決めていないが、八月三一日午前か、またはその日の夕方の食事の前でもよい。日本側には、出席者の人数が少なければ、会談はより実り多く、より非公式なものにしたいと言ってきた。（中略）
われわれは現在の安保関係には満足しており、日本側にとくに希望がなければ、それを議題にすることは考えていない。しかしながら、この問題に関して、日本国内の米軍基地に対するいかなる制限もなくしたいということは、すでに日本側に伝えてある。

Telegram, From Rogers to Ingersoll, August 10, 1972, 11am, No.146016, Secret, RG59, 1970-73, Pol4, Japan-US

インガソル大使は一九七二年八月三一日、国務長官あて公電（番号九三三四）で、「リチャード・ニクソン大統領は首脳会談で田中と会談する時には、米軍が横須賀基地を米空母の母港とするのを認めるよう要請する」と共同電が報じていると述べました。

そのほぼ一カ月後に、ロジャーズ国務長官は、密談による空母母港化の対米誓約を田中内閣に実行させるよう極秘公電でインガソルに指示しました。

◆公電、インガソルからロジャーズ国務長官へ、番号一八四〇七三、一九七二年一〇月七日、午前七時一七分、極秘

海外の米軍を削減し、米軍兵士家族により快適な環境を提供する約束を実行するというアメリカ政府の計画の一部として、アレクシス・ジョンソン国務次官は一九七二年八月三一日、ホノルルで、通常動力推進空母の母港として横須賀を提供することに日本政府の同意を得る提案を話し合った。ジョンソン国務次官は、この会談で日本政府の結論は予想していないが、東京での次の会談で満足できる結論が出ることを望むと述べた。

大使館は、この問題について、日本政府との協議をはじめるべきだと考える。協議をいつはじめるか、どのレベルでやるかは、そちらの判断にまかせるが、一九七二年一〇月三一日までには始めるべきだと思う。時期は、アメリカと日本の他の安保問題や現在の日本の外交政策にできるだけインパクトを与えることを考えてやるべきである。

Telegram, From Ingersoll to Rogers, October 7, 1972, Secret, RG59, 1970-73, Def15, Japan-US

アメリカ以外で米空母を母港にしている国は、日本を除いて世界中どこにもありません。その被害があまりにも大きいからです。空母の艦載機は、北は北海道から南は九州まで全国いたるところで、低空飛行訓練を繰り返しており、住民は爆音に苦しみ、墜落の恐怖に怯えています。

横須賀が米空母の母港になってから、米空母艦載機が墜落して住民が死傷する事故も増えました。米空母ミッドウェーの艦載機が厚木基地を離陸して三分後に、横浜市緑区（現・青葉区）の住宅街に墜落したのは、横須賀の母港化からまだ四年しかたっていませんでした。民家は炎につつまれ、幼い子どもたちは頭を包帯でグルグルまきにされながら、「パパ、ママ、バイバイ」と言って亡くなりました。母親も大やけどを負って、四年四カ月の間、死ぬまで苦しまなければなりませんでした。

アメリカが保有する空母は、これまで横須賀を母港にしてきたジョージ・ワシントンも、次に母港とするレナルド・レーガンも、すべてが原子力推進になっています。ひとたび原子炉の事故がおきれば、核汚染の被害は福島原発の比ではないでしょう。

政府はアメリカの要求に応じて米空母の横須賀母港化を強行したとき、「おおむね三年」と国会で約束しました。それからもう四三年の年月が経過しています。そして、いまも増強されつづけています。

横須賀は、空母だけではなく、各種の飛行隊、巡洋艦、駆逐艦、海上攻撃ヘリ飛行隊、潜水艦部隊、水陸両用遠征打撃軍など多くの航空機や艦艇の事実上の母港となっています。当面、空母ロナルド・レーガンをはじめ、イージス駆逐艦など一四隻態勢に増強されます。

横須賀海軍基地を本拠地とする米軍は、湾岸戦争やイラク戦争など中東の戦争に参加してきました。横須賀は、中東に広がるアメリカ介入戦争の戦場と直結しています。

横須賀は、米軍駐留が日本防衛には無縁であり、アメリカの利益のためであることを事実で証明しています。チェイニーというアメリカの国防長官（当時）は一九九二年一月一一日のテレビで、米軍を日本に置いていることについて、「日本のためというのは正確ではない。日本で空母戦闘部隊を維持する方が、合衆国の西海岸で維持するより安上がりだからだ。われわれが日本に安全保障面で何らかの施しをしているように考えるは、根本から間違っている」と述べました。

Ⅳ章

海外派兵をめぐる攻防

1　「日米同盟」は禁句だった

＊鈴木善幸首相の動揺

日米関係で「同盟」という言葉が使われるようになったのは、それほど前のことではありません。一九八一年五月に当時の鈴木善幸《ぜんこう》首相が訪米し、五月八日にレーガン大統領と会談しました。その首脳会談で、日米を「同盟関係」とうたった共同声明を出したのが始まりです。

日米安保条約が一九五一年に結ばれてから六四年、現行安保条約が結ばれてからでも五五年になりますが、日米同盟といわれるようになって、まだ三〇年と少しです。

鈴木善幸が首相に就任したのは一九八〇年七月でした。その前の大平正芳首相は衆参ダブル選挙で倒れ、鈴木が首相に就任しました。アメリカでは、「ゼンコー・フー？」（ゼンコーって、だれ？）と新聞に書かれました。

首脳会談では、レーガンは俳優出身で、芝居はお手のものです。

「日米関係は西側陣営で最も大切」「あなたに全幅の信頼をおいている」「今日からはあなたは私の兄貴分だ」と、さんざん鈴木首相をもちあげて、異例の大歓迎をしました。

首相は、新聞の見出しを見て、びっくりしました。そこには「初めて『同盟』明記。防衛、積極的に役割分担」と大きな見出しが躍っていました。

それまで、「同盟」は禁句でした。政府が言ってはならない言葉でした。日本国憲法には、戦争も、武力による威嚇や武力の行使もダメ、戦力は持たないと書かれています。首相がアメリカに行って、軍事同盟を約束してきたとなれば、これは大変なことです。

鈴木首相は、記者会見で「軍事同盟ということは全然、共同声明の中にも入っていない」と言いましたが、あとのまつりでした。

新聞は「批判に驚き、〝及び腰〟」と書きました（朝日新聞一九八一年五月一三日）。首相の動揺に、首脳会談をお膳立てした外務省は「軍事的な関係を含まない同盟なんて、ナンセンス」と当惑しました。

伊東正義外相はしばらくして辞表を出して、やめてしまいました。

同盟は、英語で、ＡＬＬＩＡＮＣＥ（アライアンス）です。防衛学会編『国防用語辞典』には、「同盟　alliance　ある政治状況の下で、一定の軍事的共同行動をとることを明示した国家間協定関係」とあります。

岩波小辞典「国際問題」には、同盟とは「狭義においては、二国または数国が、応援義務発生の場合、共同して戦争に従事する約束」と書かれています。

元防衛庁官房長で、国防会議事務局長だった海原治氏は「軍事同盟を結ぶということは、万一の場合には、〝生死を共にする〟ことを約束することである――」（『私の国防白書』一〇四ページ）と書いています。

諸国が合従連衡《がっしょうれんこう》（時どきの利害に応じて、結びついたり離れたりする）を繰り返してきた世界の歴史を見ても、群雄割拠《ぐんゆうかっきょ》の戦国日本でも、敵も味方もたがいに同盟を結びました。同盟国が攻撃されたら、自国が攻撃されたと見なして、戦争に参加する。それがあたりまえでした。同盟国がやられたら、自分もやられるのは、軍事同盟の常識です。

このため、日本では、憲法九条のもとで、日米安保条約を推進する政治家も長い間、「同盟」は口にしませんでした。

ところが、鈴木善幸首相は、日本がアメリカと〝生死を共にする〟関係にあることを、レーガン大統領と確認しあいました。

鈴木首相は、一年半後の一九八二年一一月にタオルを投げて、首相をやめました。

鈴木首相のあとを継いだ中曽根康弘首相は、日本列島を「不沈空母」といい、「日米は運命共同体」だと言って、レーガンを喜ばせました。

二人はロン・ヤスとよびあう間柄になり、「日米同盟」を定着させました。

それでも、日米軍事同盟といわないのは、やっぱり後ろめたいからでしょうか。

＊海外派兵のはじまり

共同声明は、日本とアメリカの軍事・外交当局が周到に準備してつくられたものでした。共同声明では、「極東の平和と安定」のための日米の役割分担が明記されました。首脳会談で「周辺海域防衛」「一〇〇〇カイリ・シーレーン防衛」を約束したのは、ハプニングではありませんでした。

自衛隊が日本の領土・領海・領土に限定しないで、その外に出て行って、防衛の任務にあたることです。

安保条約の第五条には、「日本国の施政の下にある領域」に武力攻撃があれば、日米が共同で行動すると書かれています。日米が共同で作戦することを約束した問題の条項です。しかし、自衛隊が、日本の領域の外に出て行って戦うとは書いてありません。

ところが、「周辺防衛」となれば、領域の外に出かけて軍事活動をすることになります。

その後の本格的な海外派兵をにらんで、日本は駒を一歩進めたのでした。

共同声明がうたった「同盟関係」は、アメリカに対する日本政府の約束です。鈴木首相も、そのことはよく知っていて、一週間後には、それまでの発言を修正し、「米国のプレゼンスをより効果的にすることで、極東の平和と安定に果たす役割を考えてゆく」と日本の軍事的役割を強調しました（毎日新聞一九八一年五月一六日）。

＊湾岸戦争で自衛隊はペルシャ湾へ

一九八九年のベルリンの壁崩壊にはじまり一九九一年のソ連崩壊にいたる、東欧・ソ連激変によって、アメリカの世界戦略とともに、日本の基地から攻撃に向かう米軍の対象は大きく変わりました。

ソ連の崩壊は、アメリカ歴代政権や軍産複合体が唱えていた「ソ連の侵略を阻止する抑止力」という、軍事同盟の口実を一挙に崩壊させました。

アメリカ国内では、これによって米ソ核軍拡競争から逃れられる、レーガン政権のもとで核兵器開発や兵力近代化に注ぎ込まれていた巨額の軍事費を福祉や環境に振り向けることができるという世論が広がりました。

私は二〇〇五年夏に、ワシントンDCキャピトル・ヒルの米議会図書館に通って、一九九〇年代前半、冷戦後のアメリカ軍事外交政策について上下両院外交委員会で行われていた議論を調査したことがあります。

そこでは、ソ連が崩壊したことにより、それまでの軍事費に注ぎ込んでいた巨額の財政資金を平和目的に転換できるか、それはどのようにすればできるかという、いわゆる「平和の配当」についての議論が熱心に行われていました。

一九九〇年二月七日の下院外交委員会では、「一九八九年一一月から一九九〇年二月までに、東ヨーロッパでは六つの政府が崩壊した。残るユーゴスラビアとアルバニアも次に崩壊する。まさに東欧激変が冷戦後の世界におけるアメリカの予算の優先順位の議論を燃え上がらせているではないか」とオハイオ州選出議員が激しく迫りました。これに対して、リチャード・チェイニー国防長官も抗しきれず、「ほぼ一八〇〇億ドルの国防予算を節訳できる」といったんは答弁したことがあります。そうしたこともあって、「教育、住宅、インフラに使うべきだ」あるいは「借金返済にあてるべきだ」という議論が続出し、議場は騒然となりました。当時の父親の方のブッシュ大統領が「平和の配当なんて、何のことだ?」と突き放す場面もありました。(Congressional Record, House, February 7, 1990, Peace Dividend, Page1531)

しかし、軍産複合体は激しい巻き返しにでます。

おりしも一九九〇年夏に起きたイラク軍のクウェート侵攻とそれにつづく湾岸危機、そして湾岸戦争は、アメリカが冷戦後の世界支配戦略を立て直し、発展させるうえで格好の材料を提供しました。「軍需産業を環境産業に」と提唱していたナン上院軍事委員長は辞任に追い込まれました。国防総省では、アメリカの軍事力による世界新秩序を提唱したウォルフォイッツ国防次官が主導権を握ります。

湾岸戦争の中でアメリカは、日本に対して自衛隊掃海艇の派遣を強く迫りました。交戦国の一方が機雷を設置することは戦争行為であり、これを掃海艇により除去することは、それ自体が参戦行為です。それが停戦後に行われたとしても、交戦していた相手国の同意なしに行われれば、敵対行為とみなされ、攻撃の対象になります。

安保条約第六条にいう極東が地球的規模に広げられたのに対応して、自衛隊は一気に地球の裏側の戦場まで送りだされました。「日本は血を流す貢献を」とさかんに言われたのはこの頃です。

自衛隊の海外派兵は、最初のうちこそ、選挙監視であるとか、災害救援とか、アメリカの軍事活動を助けるものではないと言っていましたが、イラク戦争に武装した米兵を戦場に運ぶとか、アフガニスタン戦争のための米艦艇に給油するとか、アメリカの戦争を助ける海外派兵であることは隠しようもありません。

イラク戦争では、自衛隊は当初、サマワで給水活動をしているとされていましたが、その後はアメリカ軍の兵站活動をするようになり、さらには航空自衛隊が武装したアメリカ兵をイラクの戦場に運ぶことまで突き進みました。

自衛隊は、中東を模したアメリカの砂漠地帯の演習場で、米軍との相互補完性を向上するための軍事訓練をしていることを防衛相が国会で認めるまでになっています（二〇一五年七月三〇日、参議院安全保障法制特別委員会）。

アメリカと日本の外交と軍事の閣僚が二〇一五年四月二七日の、いわゆる「２プラス２」で決めた新しいガイドライン（日米防衛協力の指針）では、自衛隊が「アジア太平洋地域を超えて」と明記し、まさしく自衛隊を地球のウラ側の紛争地域に送り込んで、米軍に協力して戦うことを強調しています。

「日本が武力攻撃を受けるに至っていないとき、日米両国は、アメリカおよび第三国に対する当該武力攻撃への対処及びさらなる攻撃の抑止において緊密に協力する。共同対処は、政府全体にわたる日米同盟調整メカニズムを通じて調整される」

日米ガイドラインを実行するための安保法制をめぐる国会審議では、日米統合司令部となる米軍と自衛隊による「軍軍間の調整所」が設置されていることが防衛庁統合幕僚幹部の内部資料で明らかになりました。米軍と「自衛隊」という日本の武装部隊が一体化し、世界的規模で共同作戦するということです。

なぜ、こういうことになるのでしょうか。それを知るには、できあがったものの表面だけではなく、問題を歴史的に見る必要があります。

目の前にあるのは、複雑で混とんとしているようで、圧倒的な情報と宣伝力を持つ政府の宣伝もあり、何がどうなっているのか、よくわからないこともあります。しかし、その大本《おおもと》を見ると、案外、単純明快です。

2　極東米軍文書が語る自衛隊のルーツ

＊国務省特別補佐官が勧告した集団的安保協定

自衛隊は遠くイラクの戦場でアメリカ軍を支援し、内戦の続く南スーダン、中東・北アフリをにらむジプチに駐留するまでになりました。ルーツはどこにあるのでしょうか。

地震、津波、火山爆発、水害など各地の災害に派遣された下級の自衛隊員が、過酷な作業を黙々と懸命にやることに対しては国民から評価されています。しかし、自衛隊の本質は、その誕生の経過から見ても、米軍と一体の武装集団です。

第二次世界大戦が終わってまもなく、トルーマン大統領の下で一九四八年頃から冷戦政策に転換したアメリカは、日本をソ連や中国に対する前線基地にすることを考えます。

駐留米軍には管理権、指揮権が日本政府にないから憲法九条が保持を禁止する戦力でないという最高裁砂川判決の理屈は、Ｊ・Ｂ・ハワードという国務省特別補佐官が考えだしたものだとI章で述べました。

ハワードはそれだけではなく、憲法九条のもとで日本に再軍備をさせるための論文や報告書を書いて、トルーマン大統領をはじめ国務長官、国防長官らに提出しました。

一九四九年一一月に国務長官に提出した論文は、「日本軍復活」（武装軍のリアクティベイション）という表題がしめすように、日本を再び武装させるためには、何が問題になるか、アメリカはどうするか、ということでした。

これは米軍の日本駐留よりも難しい問題です。なぜなら、日本国憲法は第九条で、日本は戦争しない、戦力はもたないとはっきり書いているからです。

このため、さすがにハワードもこの論文では、沿岸警備隊を含む、よく装備された警察部隊が必要だとし、同時にそのためにはまず憲法の問題に取り組むことが必要だと述べました。

◆覚書、J・B・ハワードから国務長官へ、一九四九年一一月一〇日、機密、主題：日本軍復活にかんして国務省のとるべき立場

アメリカの援助と日本の労力・資金は、一方では、米軍の日本駐留と強力な日本警察部隊の維持にあてられ、他方では、日本が長期にわたりアメリカに依存する経済的社会的発展に影響するようにあてられるべきである。（中略）

日本の再軍備は、日本が憲法で戦争と戦力を放棄したのを続けるのか、それともやめるのかということを決めることなしに決めるべきではない。重要なのは、日本国内には現在まで、それ［憲法］をやめようという強い圧力はないということである。

Memorandum, Recommended Position of Department of State on Reactivation of

Japanese Armed Forces, November 10, 1949, Top Secret, by J. B.Howard, RG59, Lot Files, Office of Legal Advisor, Howard File, Box2867

この頃、アメリカの政府と軍部は、日本の再軍備に取り組み始めていました。日本の軍事力をアジア太平洋で米軍の補完部隊として使うためでした。このためハワードは、そのためのさまざまの構想を練りました。

次の覚書は、国家安全保障会議に要旨が提出され、承認されたものです。

◈覚書、ハワードから国務省極東局へ、「アメリカの対日平和及び安全保障条約」、一九五〇年二月二八日、機密

集団的安全保障協定

集団的安保協定は、太平洋地域の平和と安定を維持し、加盟国間の集団的自衛の協力措置を促進する目的で、国連憲章と一致して締結されなければならない。当初の加盟国には、アメリカ、カナダ、フィリピン、オーストラリア、ニュージーランド、そして、日本が含まれる。

協定の締約国は、いずれの加盟国に対する武力攻撃も、すべての加盟国に対する武力攻撃とみなして、各加盟国が必要と考える行動をとり、個別的、あるいは他の加盟国と協力して、攻撃を受けた加盟国を支援する。各加盟国は、安保協定の目的を実行するために、武力攻撃に対して防衛する方法を維持し発展させる上で協力し、とりわけ、特別の協定を締結し、通過の権利を含め、それぞれの能力にしたがって、軍隊、援助、施設を提供する。

この規定に従って、必要な基地を日本に置く権利を定める特別の協定が結ばれる。

Memorandum, From John B. Howard to Far Eastern in Department of State, Approved by NSC, February 28, 1950, Top Secret, RG59, ibid.

ハワードが提案した「よく装備された警察力」は、一九五〇年の半ばになると、六月二五日に朝鮮戦争が勃発した中で、急速に実行に移されます。

＊占領軍総司令官の指令

第二次世界大戦後、日本を占領統治した連合国軍最高司令官（ＳＣＡＰ。Supreme Commander for the Allied Powers）の記録群ＲＧ三三一の文書により、自衛隊のルーツをたどってみましょう。

◆指令、占領軍総司令官・極東軍司令官より極東空軍部隊長へ、一九五〇年七月二日、極秘

一、極東空軍は、日本国内の極東空軍施設内の安全に責任をもつ。以前にも指示したように、日本国内の極東空軍施設内の安全を提供する第八軍は、現在の状況の下では好ましいとは考えられない。極東空軍に警備員が十分に確保されないのであれば、地方ごとの取り決めで民間の警備員を雇用することにより、極東米軍の警備部隊を増やすことを勧める。民間警備員の雇用は、地方の取り決めで行うことができ、当局は極東米軍が保有する小型武器（ライフル、ピストル、散弾銃）や弾薬がそれぞれ選択して提供される。ＧＨＱの主任幕僚、情報参謀（Ｇ―２）、極東米軍司令部は、それぞれの地方で雇用される人物の安全点検をあらゆる方法で援助する。

二、在韓極東米軍施設の安全保障は、第五空軍部隊長と第八軍部隊長の間で取り決められる。

マッカーサー総司令官の命令による

APO 500, From General Headquarters, Far East Command to Commanding General, Far East Air Forces, APO 925, July 2, 1950, Secret, RG331

ここに登場する第八軍は、極東米軍に所属した陸軍で、朝鮮戦争の主力部隊でした。陸軍省は翌七月三日、極東米軍司令部に書簡を送り、その中で朝鮮情勢の進展を考慮して、日本の警察をさらに強化できないかと要求しました。

◆メッセージ、陸軍省から極東米軍司令部へ、一九五〇年七月三日、極秘

日本の警察体制の現在の強さ、装備、訓練に関する情報を急ぎ要求する。

日本の警察は、米軍の支援が得られないという、予見しうる現在の状況のもとで、サボタージュに対して、法と秩序を維持し、巨大な機構を保護するのに十分なのか？　米軍の駐留なしで？　朝鮮［戦争］の進展を考慮して、日本の警察をさらに強化することを考えられないか？　もし、そうなら、アメリカから、どのような物資を供給すればよいか？

Message, From DA to CINCFE, July 3, 1950, Secret, RG331

極東米軍司令部は同日、朝鮮情勢を考慮して、アメリカが武器、装備を供給する必要があると、回答しました。

◆極東米軍司令部より陸軍省へ、一九五〇年七月三日、極秘

日本の警察機構は、自治体警察部隊九万五〇〇〇人、農村警察部隊三万人、海上保安警察（沿岸警備隊型部隊）一万人からなっている。

訓練はアメリカ警察の専門家がやっており、訓練状態は良好である。とはいえ、強度、武器、装備はまったく不十分である。さらに、装備は日本の予算の制限があるため貧弱である。朝鮮情勢を考慮して、農村警察を七万五〇〇〇人、海上保安警察を八〇〇〇人増やす計画が進んでいる。

あらゆる種類の武器、装備を実質的にアメリカが供給する必要がある。増強を実行するためには、最大限、急速に調達する必要がある。

エドワード・アーモンド少将、参謀幕僚司令官

From CINCFE to DA, July 3, 1950, Secret, RG331

これに先立ち、一九五〇年六月二八日、極東米軍司令部は、朝鮮半島情勢や在日朝鮮人の動きなどについて、第五空軍司令部のラジオ放送を聞いたとして、破壊的組織の人物の区分けを勧告する極秘情報を流していました。

この間にも日本国内の情勢は急速に進んでいました。主な動きを列挙します。

六月二一日、ダレス（対日平和条約担当国務省顧問）が来日しました。

七月八日、マッカーサー占領軍総司令官が吉田首相あてに、警察予備隊の創設、海上保安庁の拡充を指令しました。

七月二四日、占領軍総司令部が新聞協会代表にレッドパージ実施を勧告しました。翌日、マスコミ各社、新聞協会は、リストアップした職員に解雇を申し渡しました。

八月一〇日、警察予備隊令が公布、即日、施行されました。

九月一日、吉田内閣が公務員などをレッドパージする方針を閣議決定しました。

アメリカによる日本再武装化の動きは、急ピッチで進められます。

極東米軍司令部は七月一一日、警察予備隊のためのカービン銃などをできるだけ早く船積みして送るよう陸軍省に要請しました。(Message, From CINCFE to Department of Army, July 12, 1950, Secret, RG331)

◆極東米軍司令部、指示文書、一九五〇年七月三〇日、極秘、主題：日本人警備員の武装

一、憲兵隊司令官は一九五〇年七月三〇日、陸軍第八軍総司令官が選ばれた日本人の警備員を特定の施設で武装させたとの報告をうけた。極東空軍司令官は、同空軍の特定施設の日本人を武装させる権限を与えられた。横須賀基地で日本人警備員は武装を進めている。

二、この点での統一した指示が好ましいことを考慮して、憲兵隊司令官は、日本国内の各司令官に書簡を出す準備してきた。書簡は日本人武装警備員を指揮する問題を明らかにしている。

Check Sheet, General Headquarters Ear East Command, July 30, 1950, Secret, Subject : Uniform Instructions to Armed Japanese Security Guards, RG331

◆指令、極東米軍総司令部・憲兵隊司令部から陸軍省憲兵隊司令部（ワシントンＤＣ）へ、一九五〇年一〇月一八日、極秘、主題：日本の警察予備隊の軍事警察組織

以下は、日本の警察予備隊の一部になる軍事警察大隊用のものである。大隊は、本部中隊、歩兵師団（地域本部）、軍事警察小隊組織で構成される。（中略）

憲兵部、ＧＨＱ，極東米軍司令部は、計画立案の早い段階で助言を求められ、陸軍組織のための通常の軍事警察の設立は、その時点で強い勧告を受ける。とはいえ、シェパード民事主任幕僚との会議で、二つの理由により軍事警察を最小にするという情報を受け取った。

a　日本人は、彼ら自身が憲兵隊（思想警察）の苦い経験があるので、あらゆる軍事警察を恐れている。

b　警察予備隊の組織は、日本人にとって専制的組織ではなく、協調して計画され、ある場合には（軍事警察のケースとしては）譲歩をあらわしている。

APO 500, From GHQ, Far East Command, Office of Provost Marshal to Provost Marshal General, Department of Army, October 18, 1950, Secret, Subject : Military Police Organization of Japanese National Police Reserve, RG331

次は、末尾に「マッカーサー総司令官の命令による」との署名をつけて、日本の兵站司令部の部隊長に一九五〇年一〇月二八日付で送られた文書です。発出した機関名は明記されていませんが、冒頭には「GHQ、FEC」の書き込みがあります。

GHQは占領軍総司令部、FECは極東米軍司令部、どちらもマッカーサーが総司令官でした。朝鮮戦争を指揮しながら、マッカーサーが警察予備隊の兵器や弾薬を重視していたことがうかがわれます。

◆命令、マッカーサーから日本の兵站司令部の部隊長へ、一九五〇年一〇月二七日、極秘、主題：警察予備隊のための兵器と弾薬

当本部が受け取った情報は、警察予備隊基地のために、そして、江田島学校司令部にある警察予備隊の学生の訓練のために、兵器及び弾薬を調達する措置が、貴本部の兵器部門でとられているが、その基準は明らかにされていない。必要な品目の受け渡しが遅れることにより警察予備隊の訓練と効果が妨げられないよう、次の情報を提供する。

a　警察予備隊発足当日までに、カービン銃五万九九四一丁、カービン銃用弾薬四一二万二八三〇発が提供された。

b　現在の時点では、カービン銃が、警察予備隊の基本的な、そして唯一の兵器である。供給する基準は一人に一丁だが、さらに強化して七万五〇〇〇丁が承認されている。

c　弾薬配分の基準は、一人あたり次のとおり。

基礎的平時編成弾薬　　五三
戦闘訓練　　一三〇
射撃等級検査　　一五〇

マッカーサー総司令官

［以下略］

From GHQ, FEC to Commanding General, Japan logistical Command, APO 343,

October 17, 1950, Secret, Subject : Weapons and Ammunition for NPRJ, RG331

見てきたように、日本の再軍備は、アメリカによる、アメリカのための、日本人の部隊として始まりました。

＊世界戦争で米軍を補完する軍隊

アメリカが日本に軍隊をもたせることを考えたのは、最初から世界戦争で米軍の補完部隊として使うためでした。

一九五〇年八月は、日本国憲法が施行されて、まだ三年余りしかたっていませんでした。米陸海空軍と海兵隊の四軍を統括して、アメリカの戦争を指揮する統合参謀本部の議長は当時、日本に関して次のように国防長官に勧告しました。

◈覚書、ブラッドレー統合参謀本部議長から国防長官へ、一九五〇年八月二二日、機密、主題：提案された対日平和条約

軍事的空白というのは異常で、ごく短期間のものである。アメリカは、連合国の保護者としても、あるいは単独でも、全般的なアメリカの安全保障の必要性に合わせて、中立、非武装の日本に存在している真空状態を同時に埋めることをいつまでも続ける立場にはない。反対に、世界戦争（グローバル・ウォー）が起きた時に、アメリカが日本の戦力を活用できることが、アメリカの戦略にとって極めて重要であり、そして、恐らくは世界戦争で最終的にうまくいく結果をもたらすことになろう。これに劣らず重要なのは、戦争に際しては、ロシアやその同盟国を拒絶するためには、日本の戦力を必要とするということである。上に述べたこととの関係で、統合参謀本部は次のように考える。

A　日本は効果的な自衛力をもつために、実質的に適切な再武装をさせる必要がある。

B　アメリカが日本についてとる措置は、すべて再武装した友好国・日本むけの暫定的措置であるべきである。

C　世界戦争に際しては、日本の戦力がアメリカにとって利用できるものであるべきである。

Memorandum From Omar N. Bradley, Chairman, Joint Staff Chiefs of Staff, to Secretary of Defense, August 22, 1950, Top Secret, Subject : Proposed Japanese Peace Treaty, RG59, Lot54D423 Box11, Sebald File

アメリカの対日政策に関する共同戦略調査委員会は、統合参謀本部に対して、次のような機密（トップ・シークレット）の報告で、日本軍を復活させ強化することが米軍の利益になると書いていました。

◆統合参謀本部へ、合衆国の対日政策に関する共同戦略調査委員会の報告（ＪＣＳ二一八〇／二）、一九五〇年一二月二八日、機密

統合参謀本部は、アメリカの軍事的利益はみずからの安全保障および防衛能力が最大限早い時期に提供できるよう日本の能力を向上させることによって、最も得られると考えている。日本側のそうした努力を効果的なものにするためには、日本国憲法を変えることが必要であると信じている。

JCS2180/2, Report by Joint Strategic Survey Committee to Joint Chiefs of Staff on United States Policy toward Japan, December 28, 1950, Top Secret, RG218

＊ダレスが持ってきた集団防衛条約案

ジョン・フォスター・ダレスが一九五一年二月に、東京にやってきました。ダレスは、元共和党系の弁護士でしたが、トルーマン大統領が一九五一年一月一〇日、対日平和条約担当の国務長官特別顧問に任命しました。

このときダレスは、まだ安保条約と行政協定が一緒になっていた「相互の安全保障のための日米協力に関する協定」案をもってきました。あまりにも露骨に日本の主権を無視していたため、日本側交渉担当者の西村熊雄外務省条約局長を「一読不快の禁じえない性格のもの」（鹿島研究所出版会『日本外交史』第二七巻サンフランシスコ平和条約九一ページ）と嘆かせたものでした。

ダレスは一九五一年年六月にまた東京にきました。このときダレスがもってきた太平洋安全保障条約の草案には、「武力攻撃に対する個別的集団的抵抗能力を維持、発展させる」（第二条）とし、太平洋地域における武力攻撃には「各国の法的手続きに従って共通の危険に対処するため行動する」（第四条）と書かれていました（朝日新聞一九五一年七月一四日）。

「集団防衛」というのは、国連による集団安全保障体制とは対立するもので、集団的自衛権にもとづく軍事同盟のことです。

国連憲章は、紛争を平和的に解決することを加盟国に義務づけ、国連軍に兵力を提供するなどの国際社会共通の利益のためでない場合は、武力で威嚇することや武力を行使することを一般的に禁止しています（憲章前文、第二条第四項）。日本国憲法は憲章のこの規定を徹底したものです。

そして、もし平和の破壊や侵略があった場合は、安全保障理事会がまず非軍事的措置をとり、それでも侵略がやまない時は軍事的措置をとることにしています。これは、各国が「自国防衛のため」と言って軍備増強を競い合い、実際には侵略戦争を進めた結果、第一次世界大戦や第二次世界大戦にまで進んだ教訓から導きだされた平和維持の仕組みです。これは集団的安全保障体制とよばれます。国連憲章が定める集団的安全保障の仕組みは、一九四四年八月から一〇月まで開かれたダンバートンオークス会議で出来ていました。

しかし、ダレスがもってきた集団防衛条約案は、国連による集団的安全保障体制とは対立するもので、憲章第五一条に書かれている集団的自衛権を行使するものでした。

アメリカは一九四五年四月から六月まで開かれたサンフランシスコ会議で集団的自衛権行使の権利を明記した第五一条を国連憲章に持ち込みました。外国軍に攻め込まれた時に安保理事会が措置をとるまでの間は自衛権を行使する必要があるという口実でしたが、アメリカやソ連は憲章第五一条を使って、自国が攻撃されていなくても、外国を助ける、助けられるという軍事同盟をつくり、侵略戦争を拡大してゆきました。

ダレスは当時、日本についても、ヨーロッパにおけるＮＡＴＯ（北大西洋条約機構）と同様の、集団的自衛権にもとづく太平洋同盟を構想していたわけです。それが実現しなかったのは、フィリピン、オーストラリア、ニュージーランドなどが日本の再軍備により軍国主義を復活させることを恐れたからでした。なによりも、日本軍国主義による侵略戦争の反省にたって、憲法を守る日本国民の平和の意志がありました。

しかし、ダレスは、緊急時には日本の武装力を米軍司令官の指揮下に置く集団防衛に日本を組み込むことを考えていました。

秘密指定を解除された当時の米統合参謀本部の文書がこのことを裏づけています。

◆覚書、統合参謀本部（ＪＣＳ）から国防長官へ、一九五一年八月八日、極秘、主題：対日平和条約に関係する文書

一九五一年二月一七日付の国防長官事務所の覚書により、統合参謀本部は協定の規定を実行

するための米日間の行政協定案を受け取った。それによって、［両国は］ダレス訪日団が準備した集団防衛に参加する。勧告された行政協定改定案を同封する。本案に対する統合参謀本部の意見は、完成後の行政協定案が適切になるように広範囲にわたっている。前の案を変えた条項とこれに含まれる新しい材料は、極東米軍司令官（ＣＩＮＣＦＥ）との協議とともに、軍による長期間の研究にもとづくものである。

Memorandum for Secretary of Defense, August 8, 1951, Secret, Subject : Documents Relating to Japanese Peace Treaty, RG218

◆添付文書：極秘、集団防衛に参加する協定の規定を実行するための米日行政協定（統合参謀本部により準備された改定案）

集団防衛協定第三項の規定により、次の行政協定が米日政府により合意された。

［第四章第一、二項のみ抜粋］

第四章　集団防衛措置

１．敵対状態に際して、あるいは、いずれかが日本に敵対状態が差し迫っていると判断した時は、日本国内のすべてのアメリカ軍、および地方警察を除くすべての日本の［軍事］組織は、アメリカ側の判断で、アメリカ政府が指定する最高司令官の統一した指揮の下に置かれる。

２．敵対状態、あるいは敵対状態が差し迫っている時は、上記１により、指定された日本国内の全軍隊の最高司令官が、日本地域にある区域、設備、施設を使用する権利をもち、彼が必要と考える同地域内の軍隊を戦略的および戦術的に配置する。そうした行動をとる際には、最高司令官は日本政府の軍事当局にしかるべく助言する。

Secret, Administrative agreement between the United States of America and Japan to Implement the Provisions of the Agreement They have Entered into for Collective Defense, RG218

一九五一年九月八日には、サンフランシスコ市のオペラハウスで対日平和条約が調印され、その日の夕方には市内の米軍下士官集会所で吉田首相が安保条約に署名しました。安保条約は、米軍の日本駐留とともに、「直接および間接の侵略に対する自国の防衛のため漸増的に自ら責任を負うことを期待する」と前文で述べて、日本の軍事力強化を義務づけました。

◈覚書、統合参謀本部から国防長官へ、一九五一年一二月一八日、機密、主題：日本防衛軍に関する国務・国防ハイレベル特別任務（日本に配置されている米軍司令官、アメリカ大使、日本の軍民当局の［平和］条約後の関係）

統合参謀本部は、現在、戦時には、最高司令官である極東米軍司令官（ＣＩＮＣＦＥ）が日本国内のすべての軍隊（米軍と日本武装部隊の双方）はもちろん、その指揮下に配属されたすべての合衆国軍隊、場合によっては一部の連合国軍隊をも指揮することを計画している。

署名　オマル・ブラッドレー（統合参謀本部議長）

Memorandum, From Joint Chiefs of Staff to Secretary of Defense, December 18, 1951, Top Secret, Subject：High-Level State-Defense Mission on Japanese Defense Forces (Relationships in the Post Treaty Period Among the Commander of U.S. Forces in Japan, the United States Ambassador and Japanese Civilian and Military Authorities), Signed by Omar N. Bradley, Chairman, Joint Chiefs of Staff, RG218

極東米軍司令部（ＣＩＮＣＦＥ）は、当時、本部を東京に置き、アジア・西太平洋全域の広大な地域をカバーしていました。マッカーサー占領軍最高司令官が極東米軍司令官を兼ねていました。朝鮮戦争ではアメリカを中心に、イギリス、フランス、カナダなどアメリカの軍事同盟国の軍隊を指揮下に置いていました。

当時、吉田首相が警察予備隊担当に任命した大橋国務相は「警察予備隊は講和条約発効後、米軍との協力を一層緊密化したい」「米軍将校を条約発効後も存続させる」と述べました（朝日新聞一九五二年一月一〇日）。

大橋国務相は平和条約発効直前の一九五二年四月一四日に、占領軍総司令部の民事局（ＣＡＳ）と日本政府の安保担当相とが警察予備隊に関して、すべての防衛問題の連絡機関を設けることを米側に提案しましたが、これはＧＨＱ（占領軍総司令部）により拒否されました。日米間の軍事問題は日米合同員会で協議すべきであって、日本政府と民事局が協議することではないということです。自衛隊は、このようにその出発点から、アメリカ軍の掌握と指揮のもとにおかれていました。ここに登場するＣＡＳ（Civil Affairs Section）は、占領軍総司令部―連合国軍最高司令部（ＧＨＱ―ＳＣＡＰ）の中で日本の国内政治を担当する専門部でした。

◆記録のための覚書、一九五二年四月二三日、Ｇ３（参謀第三部［作戦］）セクション、一九五二年四月二三日、極秘、主題：日本の安全保障軍発展に関する日米合同委員会

日本の安全保障軍を発展させるのは、それが対処する紛争の考え方や計画の発展が当司令部の全般的な計画や政策と一致するよう保証するために、引き続き参謀幕僚の監視を受けなければならないという問題だから、［警察予備隊とのパイプをつくるという］民事局（ＣＡＳ）の提案は賢明とは考えられない。したがって、［日米合同］委員会組織は、現在、ＣＡＳやＧ３（参謀第三部）を構成している米側メンバーや必要な時に加えられる米側の他の代表機関とともに維持される。委員会の日本側メンバーになるのは大橋の権利である。

民事局をＧＨＱと［日本政府の］防衛閣僚［当時は大橋警察予備隊担当大臣］との連絡機関とすることについては、民事局の第一義的な機能として、警察予備隊の組織、訓練、装備、管理について日本政府に指示書を与えることになっている。

Memorandum from CAS to Chiefs of Staff for Record, G3 Selection, April 16, 1952, Secret, Subject : Joint US- Japanese Committee for Development of Japanese Security Forces, RG331

＊日米統合司令部の密約

Ⅰ章では、一九五二年一月二一日、アチソン国務長官がシーボルト占領軍総司令部政治顧問に送った行政協定案で、日本国内のどこを米軍基地にするかは、日米合同委員会で決めるとしていたことを紹介しました。アチソンのこの行政協定案には第二二条に、米軍司令官が指揮する日米統合司令部をつくること（Telegram, From Acheson to Sebald, No.2020, January 21, 1952, 10 : 14am, Secret, RG59, 1950-54）が書かれていました。

◈行政協定案、一九五二年一月二二日、極秘

第二二条　日本地域で敵対状態または敵対状態が差し迫っている時は、アメリカは、日本政府との合意のもとで、統一司令部をつくり、司令官を指名することができる。司令官は、日本地域にあるすべての米軍部隊と、地方警察以外のすべての日本の安全保障組織を、日本防衛に役立つよう指揮する。

Draft Administrative Agreement between United States and Japan, January 22, 1952,

Secret, FRUS, 1952-1954 Vol.14, Part2, Page1108

そして、一九五二年二月に東京で行われていた行政協定交渉では、緊急時には日本の軍隊をアメリカ人司令官の指揮下に置くという日米統合司令部の密約が、岡崎勝男外相とディーン・ラスク国務次官補の間で結ばれました。

日米統合司令部の密約については、日本の外務省が一九八七年一二月一日に公表した第九回公開文書にも書かれています。それによると、当時の日本政府は一九五二年一月二九日、二月一六日には、それは憲法違反だから認められない、と述べていました。

◆行政協定交渉、一九五二年一月二九日、「我が方意見及び要請」、極秘

敵対行為発生の場合、米側の草案で想定されているような措置をとることは当然のことだが、協定の中に入れることはいたずらに国民に不安を与え、憲法違反という非難をうける。

◆行政協定交渉第一一回非公式会談要録、一九五二年二月一六日、午後三時、外交局において、極秘

今日、日本の新聞をみても、会談でとりあげられていない共同防衛に関する諸事項が論議されているかのように報じている。（中略）

統合司令部を規定することによって、行政協定における日米の平等対等関係は消失する。この点は、軍備をもつ西欧諸国と米国との間の統合司令部とはちごう［違う］ことを考えるべきである。総理としても、統合司令部を受諾することは至難と信ずる。統合司令部については、日本の法制上の問題もあって、それを、行政協定に定めうる否やの憲法上の問題があることも忘れてはならぬ。

ところが、日本政府は二月一九日には、米側の要求を受け入れて、「敵対行為が発生またはその脅威が差し迫った時は必要な方法を取る」と自分の方から英文で提案します。

◆第一三回非公式会談要録、極秘、一九五二年二月一九日午後四時半、外交局において、先方、ラスク、ジョンソン、ボンド。当方、岡崎国務大臣、西村

二月二九日午後、先方に手交した案

第二二条の日本案。敵対行為または日本区域に敵対行為が差し迫っている時には、日本防衛に必要な措置としては、いずれの政府も憲法の制限を超えて、統合司令部を含む必要な方法を共同でとるのを妨げるとは確認されない。（傍線は引用者）

これに対してラスクは、二月二三日の第一五回非公式会談で「総理が憲法上の困難や内政上の困難であるにもかかわらず、米政府の要望に応えようと努力されたことは感謝にたえないところである」と述べました（第一五回非公式会談要録）。

「行政協定交渉」と言っても、憲法違反であることを知りながら、結局は米国務長官の指示通りに決定し、しかも「憲法違反」とした統合司令部の密約を日本側から提案していたわけです。

極東米軍司令部は一九五二年四月二三日に、内部の極秘文書で「日本の安全保障軍はアメリカ軍参謀幕僚の監視を受ける」と書いていました。文書は、連合国軍最高司令部（ＳＣＡＰ）の民事部と日本の公安部門が一九五二年三月一九日に、警察予備隊について、民事部がすべての防衛問題のチャネルになると表明したのに反対したもので、日本の安全保障部隊は米軍参謀幕僚の監視を受ける必要を強調していました。アメリカにとっては、日本の武装部隊はあくまでも下請けであり、同時に監視すべき対象だったのです。

◈記録のための覚書、極東米軍司令部からＧ３（諜報第三部）へ、一九五二年四月二三日、極秘、主題：日本の安全保障部隊発展のための日米合同委員会

民事部が提案した行動は賢明とは思われない。というのは、日本の安全保障部隊の発展は、引き続き参謀幕僚による監視を受けなければならない対象だからである。監視は、これに付随する全般的な計画、政策と一致することを保証するためである。（中略）

占領軍総司令部（ＧＨＱ）と国防相のチャネルとしての民事部をつくることについては、民事部のもともとの機能は、警察予備隊を組織し、訓練し、装備し、管理することについて日本政府を指導することにある。この任務は、一九五二年四月二八日に終了する〝管理〟面を除いて、平和条約後も維持されることが、適切と考えられ、提案されている。

Memorandum for Record, Plans/WFK/JA, April 23, 1952, Secret, Subject : Joint US-Japan Committee for Development of Japanese Security Forces, RG331

アメリカ人司令官が日本の武装力を指揮する統合司令部の密約は、行政協定第二四条に、日本区域内で敵対行為またはその差し迫った脅威が生まれたら、日米政府が共同措置をとり、直ちに協議すると書きこまれました。

一九五二年八月一日、トルーマン大統領は、重装備を警察予備隊に移す権限を国防長官に与え、同四日、統合参謀本部はこの決定の実行を極東米軍司令部に指示しました。(Secret Security Information, From Kenneth Young to Alexis U. Johnson, August 8, 1952)

現行安保条約の下では、「共同措置」は第五条の日米共同作戦条項に発展し、さらの日米安保協議委員会が設置され、この協議を通じて、今では日本が武力攻撃を受けるに至っていない時でも、日米防衛協力の指針［ガイドライン］では、日米両軍が緊密に協力し、同盟調整メカニズムを通じて共同対処を調整するまでになっています。

3　集団防衛と改憲への衝動

＊釈放された鳩山一郎と岸信介の行動

一九五三年一月に発足したアイゼンハワー政権は、日本の憲法九条を変えることに着手します。トルーマン政権下で国務省顧問として対日平和条約と安保条約による米軍日本駐留を推進したダレスは、アイゼンハワー政権の国務長官に就任しました。

同政権はダレス国務長官のもとで、「ニュー・ルック」と呼ばれる、軍事同盟と核兵器による大量報復の構想にもとづく世界戦略を進め、日本に対しては軍備増強と憲法改定を強く迫ってきました。

一九五三年一一月には、アイゼンハワー大統領の特使としてニクソン副大統領が来日し、東京の日米協会で「一九四六年にアメリカが日本に陸海空軍の廃止を勧めたのは誤りだった。日本はアジア防衛の要《かなめ》である。保安隊は日本の防衛に十分でない。日本防衛力を増強しなければならない」と述べました。

日本の再軍備は、「自主独立の外交」のスローガンをかかげて一九五四年一二月一〇日に登場した鳩山一郎内閣と、同様のスローガンで一九五七年二月二五日にスタートした岸信介内閣のもとで急速に進みました。

鳩山も岸も、日本軍国主義の敗北により、戦争犯罪容疑者として巣鴨拘置所に収監されました。アメリカ占領軍総司令部（ＧＨＱ）がこれら容疑者を巣鴨の拘置所から釈放したのは、東条英機らＡ級戦犯七人が絞首刑された翌日の一九四九年一二月二四日でした。そして、吉田首相がサンフランシスコで日米安保条約に調印する約一カ月前の一九五一年八月六日には、ＧＨＱはこの二人を含む大量の戦犯容疑者の追放解除を指令しました。

この時、鳩山一郎は、追放解除を報道した一九五一年八月七日付朝日新聞で、「日本は講和後、民主国家が形づくっている防衛機構に積極的に参加し、共同防衛の一役を担当することである」「共同防衛の体制を鉄壁のかたきに置くことは侵略の成算を失わしめることを目的とする」と、アメリカを盟主とする「共同防衛」への参加を強調しました。

一九五四年末に政権についた鳩山は翌年二月に、改憲をかかげて衆議院を解散しましたが、改憲発議に必要な三分の二の議席を確保できませんでした。一九五六年三月には小選挙区制法案の強行をはかりましたが、これも失敗しました。

日米安保条約の改定を最初にアメリカ側に提起したのは、やはりアメリカに追放を解除された鳩山内閣の重光葵外相でした。

重光は、一九五五年八月にワシントンでダレス国務長官と会談し、「日本が西太平洋における国際の平和と安全の維持に寄与することができるような諸条件を確立する」と共同声明でうたいました。この重光・ダレス声明は、前年九月に結成された東南アジア条約機構（SEATO）に日本を関与させることで、前年七月に発足したばかりの自衛隊に、海外派兵させることをねらうアメリカの意図に迎合するものでした。

SEATOというのは、アメリカが主導して一九五五年二月一九日に発効した軍事同盟です。フィリピン、タイ、パキスタン、オーストラリア、ニュージーランド、イギリス、フランスなどが参加し、規約には「いずれかの参加国に対する武力攻撃には共通の危険に対して行動する」（条約第四条）と集団的自衛権行使をうたっていました。

SEATOは、アメリカのベトナム侵略戦争に参戦したことに対して批判が高まり、一九七七年六月に解散しました。

アメリカは、ベトナム戦争では五万人の兵員が戦死しました。

ベトナム戦争では、アメリカは東南アジア条約機構（SEATO）、米韓相互防衛条に加わっていた、フィリピン、タイ、韓国などの軍事同盟諸国をベトナム戦争に動員しました。

韓国の場合、政府は一九六四年に工兵部隊などを派兵、翌六五年には戦闘部隊一個師団の派兵を決定し、戦闘部隊を次つぎに増派、多いときは五万人をこえました。韓国軍は解放勢力の強かったベトナム中部地域に配置され、米軍から特別に困難で残忍な任務をあてがわれました。一九七三年までにのべ約三一万人を派兵し、死者は約四七〇〇人に達しました（栗原千鶴「韓国のベトナム帰還兵に話を聞いて」『平和運動』二〇一四年一〇月号一九ページ）。

日本がベトナムの戦場に派兵できなかったのは、何よりも、日本国民が戦争放棄の憲法をよりどころにして、海外派兵を許さなかったからです。

参議院は自衛隊発足に先だって、一九五四年六月二日に「自衛隊の海外出動を為さざることに関する決議」を可決しました。アメリカの海外派兵要求を知っている日本の世論の危機感を示すものでした。

同盟国や現地の軍隊を米軍の補完部隊として使うことが、アメリカの戦略です。アフガン戦争とイラク戦争では六八〇〇人の米兵を死なせています。

アメリカ陸軍公衆衛生司令部の統計などによると、生き残って帰国しても、多くが精神疾患に冒され、自殺者も増えています。陸軍現役兵の自殺率は二〇〇四年から〇八年までに八〇％増えました。二〇一二年には最悪の年間三二〇人に達しました。戦場での経験に起因する心的外傷後ストレス障害（PTSD）が主な原因でした（ワシントン＝共同）。

鳩山首相を継いだ石橋湛山首相が辞任した後、岸内閣が発足すると、アメリカ政府では安保改定と日本の海外派兵を要求する政府・軍部の声がいちだんと大きくなりました。

アメリカ国務省首脳部の間では、海外における軍事的役割を日本に果たさせるためには、SEATOのような集団的自衛権行使の体制が必要だと要求する動きが強まりました。軍部は、そのためにも、憲法を変えて、日本が集団的自衛権を行使できるようにする必要があるという要求を強めていました。平和条約が発効したあと、一九五〇年代の米国務省の対日関係の外交文書は、一九五四年三月の日米相互防衛援助（ＭＳＡ）協定調印にはじまり、いかにして日本政府に防衛予算をふやさせるかという記録がいっぱいあります。

岸首相は、一九五七年五～六月に東南アジア六カ国を訪問したあと、六月にワシントンでアイゼンハワー大統領と会談し、二一日に安保改定委員会の設置などを盛り込んだ共同声明を出します。日本が軍備を増やしてきた実績を売りこんだのでした。

こうして、日米関係は、日本が軍事的義務を負う安保改定に向かって急速に動き出します。憲法改悪や海外派兵も視野に入れてのことでした。

アイゼンハワー政権下で、岸首相は小選挙区制を導入して、国会で三分の二以上の議席を占めることをねらっていました。鳩山内閣が憲法改定をかかげた一九五五年二月の総選挙で衆議院の三分の二を確保できず、失敗した教訓からでした。

岸内閣とアイゼンハワー政権は、少なくとも近い将来にその目的を実現するとして、当面の安保改定によって、どこまで実現できるかということを検討していました。

◆覚書、ロバートソン極東担当国務次官補からダレス国務長官へ、一九五八年三月二二日、極秘、主題：日本との安保条約改定

考慮すべきもう一つの要素は、この安保条約改定草案に、日本国憲法の改定が進展するのに応じて、日本が追加的な軍事的義務を負うことを容認するとまで書き込むことができるかどう

かということである。これは、例えば、ＳＥＡＴＯ協定の表現を手本とすることにより可能になる。そのもとで、日本は憲法上の手続きにもとづいて共通の危険に対して行動することを約束するだろう。

勧告。私は上述のような言葉でマッカーサー［大使］の書簡に答えるが、手紙にはわれわれが達成したい長期的目標のいくつかを含めるつもりだ。さらにそれは、彼［マッカーサー］が相互的な性格の長期的安全保障目的について岸首相と協議する権限を与えることになる。それは、この時期に望ましい安保関係の改定なのかどうか、望ましいとすれば、それはどのようなものか、ということを考える基礎になるだろう。

Memorandum, From Robertson, Assistant Secretary of State for Eastern Affairs to Dulles, Secretary of State, March 22, 1958, Secret, Subject : Revision of Japanese Security Treaty, RG59, Lot67D548

◆覚書、ＪＣＳ二一八〇／一一七、太平洋軍司令館から海軍作戦部長へ、一九五八年七月一日、極秘、主題：日米安保条約改定

◆日米安保条約改定に関する海軍作戦部長の統合参謀本部への覚書、一九五八年七月三一日、極秘

日本は憲法上の手続きにしたがって、自由アジアへの侵略に対する集団的安全保障軍事行動

［集団的自衛権行使のこと］に参加するために軍隊の派遣を準備することに原則的に同意すること（日本国憲法が改定されるまでは、そうした行動が日本当局によって合法とは見なされないだろうが）。

JSC2180/117 Memorandum, By Chiefs of Naval Operations for Joint Chief of Staff on Revision of Japanese Security Treaty, Secret, July 31, 1958,

Headquarters of Commander on Chief Pacific, July 1, 1958, Secret, Subject : Staff Study on Revision of Japanese Security Treaty, RG218

このように、安保改定交渉に臨むアメリカの方針は、政府も軍部もかなり明確でした。日米安保条約をＮＡＴＯやＳＥＡＴＯのような本格的な軍事同盟にして、日本に海外で武力を行使させることを目標にしつつ、そのためには日本の憲法を変えることが必要だとして、この面でも岸に期待していたわけです。

岸内閣は一九五八年、憲法調査会設置法を国会で強行採決し、同年八月に憲法調査会を発足させます。憲法は占領軍によって押し付けられたという報告書を出させて、改憲世論を盛り上げることが狙いでした。

＊マッカーサー大使と岸首相の密談

マッカーサー大使は、岸内閣の発足からほぼ一カ月前の一九五七年二月に、岸とアイゼンハワーが合意した安保改定の任務をもって、日本に派遣されてきました。

ダグラス・マッカーサー大使は、第二次世界大戦後に連合国軍最高司令官として日本を占領統治したダグラス・マッカーサー元帥の甥にあたります。マッカーサー二世とも呼ばれ、アメリカ国務省の文書では「マッカーサーⅡ」と書かれています。

マッカーサーが東京に赴任してきた時、日本国民のあいだにはアメリカに対する不信感が渦巻いていました。沖縄県民は、銃剣で住民を脅して立ち退かせ、ブルドーザーで農地をつぶして基地に変えるアメリカ軍事支配に対して闘っていました。本土では、石川県内灘《うちなだ》の米軍射爆場反対運動、群馬県妙義山《みょうぎさん》の米軍演習場反対運動、山梨県の北富士演習場拡張反対運動が党派を超えた支持のもとにたたかわれました。さらに、アメリカは航空機のジェット化に対応するために、横田、立川、新潟、小牧、伊丹、木更津などの基地の拡張を発表、これに反対する運動が各地で激しくなっていました。

マッカーサーは一九五八年八月一日の国務長官あて公電で、安保改定は海外派兵のチャンスを与えてくれるという希望とともに、岸は憲法を変えたいと考えているが、衆参両院で三分の二をとるのは難しいと書きました。

◆公電、マッカーサーから国務長官へ、番号二三八、一九五八年八月一日、午後六時

適切な措置をとることが、安保条約を改定し、日本の軍隊を海外に送り出すことを可能にする憲法改定の時間をわれわれに与えてくれるだろう。とはいえ、岸は改憲を希望しているが、彼は衆参両院で三分の二を得ない限り、これは難しい。(中略)

憲法九条改定が次の数年間に実現できるとは思われないし、実際問題として憲法改定も確信できない。また改定されたとして、日本人が海外派兵に関わることは、世論がそれに好意的になったとしても確信できない。

Telegram, From MacArthur to Secretary of State, No.238, August 1, 1958, 6am, Confidential, RG59, 1955-59

さらに、マッカーサーは一九五八年八月二六日には、日本の情勢について、国務省に報告しています。

公電は二つあり、どちらも午後六時に大使館が打電していますが、セクション2の1は同日午前七時五九分、セクション2の2は同日午前七時五八分に、それぞれ国務省が受信しています。セクション1とセクション2の国務省受信時間が一分違いですが、逆になっているのは、大使館の電信担当者がセクション2を先に打電したからと思われます。

マッカーサーはセクション1で、昨夕、岸、藤山と内密に会ったと書き出し、安保改定についてい岸が述べたことを報告しています。岸はここで、日本の領域外で、日本の関与しない戦争のために、米軍が日本の基地を使うことを認めた上で、安保条約は憲法と衝突せず、この憲法のもとでは日本は海外に武装部隊を送る義務がないと述べています

◆公電、マッカーサーから国務長官へ、番号四四四、一九五八年八月二六日、午後六時（セクション2の1）、極秘、国務省受領：八月二六日午前七時五九分

岸、藤山の要求により、昨夜、彼らと内密に会い、日米安保関係を議論した。岸は、長期にわたる米日安保関係の中で最も重要なすべての問題を注意深く見直したと次のように述べた。

一、いまの片務的な安保条約を維持し、十分な協議ができるように調整する。（A）日本への核兵器の持ち込み、（B）日本の領域外での、日本が関わっていない戦争で、米軍が日本国内の基地に配備され使用する。これは、日本が巻き込まれたくない戦争に、日本を巻き込むことになりうるので、実質的（注）に重要である。

二、いまの安保条約は、（A）日本の憲法と矛盾しない、従って、日本の領域外に軍隊を送る義務はない、（B）上述1のAおよびBの問題に合致する。

岸は、この問題をよく考えて今、判断したと言い、彼［岸］の見方を、国務長官と大統領に転送するよう、とくに要求した。

Telegram, From MacArthur to Secretary of State, No.444, August 26, 1959, 6pm, (Section 1 of 2) Secret, Rec'd : August 26, 7 : 59am, RG59, 1955-59. Box2579

（注）マッカーサーの公電では、virtually ですが、vitally（きわめて重大に：絶対に）という手書きの書き込みがあります。国務省で書き込んだものとみられます。

岸が二の（A）で安保条約は憲法と矛盾しないから、日本に海外派兵の義務はないと述べているのは、彼の見解を大統領と国務長官に伝えてくれとマッカーサーに述べたことと合わせて、憲法上できないことを、改憲の可能性も含めてやろうとしている自分を売り込む思惑からだったとみられます。

安保改定の作業を始めるにあたっては、岸もマッカーサーも、日本が集団的自衛権により、海外で武力を行使できる条約にしたいと考えながらも、現在の憲法の下では難しいと認識していました。同時に、アメリカにより巣鴨の拘置所から釈放された岸は、アメリカが日本に何を望んでいるかを知っており、アメリカの要求を実現すれば、長期安定政権は間違いないという計算がありました。

マッカーサーは公電四四四のセクション2の2で、安保改定の公式交渉が始まるのに先立って、NATO（北大西洋条約機構）やSEATO（東南アジア防衛条約機構）のような条約にしたいという、安保改定にかける自分と岸の目標を書いています。

◆公電、マッカーサーから国務長官へ、番号四四四、一九五八年八月二六日、午後六時（セク

ション2の2）、極秘、国務省受領：八月二六日午前七時五八分

岸は、自分が心中、考えていることを大統領に知ってもらいたいと言って、友人としての最初のフランクな会話を締めくくった。

彼は、日本の安全保障がアメリカとの相互安全保障取り決めという方法に大きく依存しており、同様に、アメリカの安全保障利益はそうした取り決めにより確保されると、われわれが思っていると決めてかかっていた。（中略）

私は個人的には、岸が好む線で日本との安保関係を調整することが、われわれ自身の利益になると考える。日本との安保関係はＳＥＡＴＯ、ＮＡＴＯ、その他の同盟と同じく、パートナーシップと相互性の全般的基礎のうえにおくこと、そして、日本との関係をいまのような片務的な取り決めから、より良好な永続的な取り決めに置き換えることがきわめて重要だと思われる。［いまの日本との安保取り決めは］政治的にも脆弱であるが、とはいっても、日本の同意や協力がないと、実行できないのだ。

Telegram, From MacArthur to Secretary of State, No.444 August 26, 1958, 6pm, Secret, Rec'd : August 26, 7 : 58am, (Section 2 of 2) RG59. Box2579

安保改定交渉は、マスコミにも明らかにされず、政府部内でもごく少数のグループが作業し、藤山外相は岸首相だけに報告し相談しますが、赤城防衛庁長官をはじめ政府や与党の首脳にも交渉内

容を報告しませんでした。このため安保改定交渉の実際は岸・藤山の二人以外は、日本国内ではほとんどだれにも分かりませんでした。

しかし、アメリカの側では、マッカーサー大使は藤山と会談した後は、かならずその内容を国務長官に公電や書簡で報告していました。国務長官あてマッカーサーの公電は多くの場合、同文情報提供として太平洋軍司令部の政治顧問とフェルト提督、在日米軍司令部のバーンズ司令官に限定配布されるとともに、その内容はアメリカ政府や軍部の関係機関に送られました。ワシントンからは国務長官をはじめ国務省首脳が回答し、あるいは見解を示して、指示をしていました。

岸は一九五八年四月に衆議院を解散し、五月二二日に行われた総選挙では、四六八議席のうち自民党が二八七と過半数を大きく超える議席を獲得しました。岸は強気になりました。

岸は、同年一〇月一四日夜、アメリカのNBC放送の記者に、「憲法九条廃棄の時が来た」と述べました。朝日新聞一九五八年一〇月一五日夕刊は、岸の改憲発言を次のように報じました。

「NBC放送網を通じて『日本が自由世界の防衛に十分な役割を果たすために、憲法から戦争放棄条項を除去すべき時がきた』と言明した。これはNBCのセシル・ブラウン記者が最近東京で一時間にわたって岸首相にインタビューしたさい岸首相の言明として直接引用しているものである」

＊帝国ホテルでの秘密交渉

安保改定交渉が公式に始まったのは、その一〇日前の一九五八年一〇月四日でした。新聞の写真

藤山外相とマッカーサー大使が秘密交渉した当時の帝国ホテル

は外務省で撮影され、新聞で大きく報じられましたが、実際の交渉は東京・日比谷の帝国ホテルで行われました。

公式交渉が始まる三カ月前の一九五八年七月には、岸とマッカーサーは交渉を秘密にすることを確認していました。

◆公電、マッカーサーから国務長官へ、番号八六、一九五八年七月一三日、午前一一時、極秘、国務省受領：七月一二日午後一〇時五九分

七月一一日、岸との内密の話し合いで、岸は米日安保取り決めの改定について語り、このことを以前から考えてきたと言った。彼は、この段階ではとくに示唆はしていないが、そのうちに私に連絡してくるだろう。これは重要な問題である

が、考えられる最大の微妙なことであり、われわれが行ういかなる議論も、厳格に秘密裏にやるべきであり、それについての情報は、最大限できる限り両政府の内部に限定しなければならない、と彼は強調した。

私は岸に勧めた。現行安保取り決めについてのいかなる非公式のささいな議論も、その前提として、私が彼［岸］、藤山とひそかに会い、安全保障分野における彼らの最終目標・目的と、米日安保取り決めについての長期的な意見を私に要約して述べさせるのが最もよいということを。そうしてこそ、なされるべきことを実現する最もよい立場にいることになる、と。

岸は、それはいい考えだと言った。

Telegram, From MacArthur to Secretary of State, No.86, July 13, 1958, Secret, Rec'd : 10:59pm, RG59, 1955-59, Box 2579

一九五八年一〇月四日には安保改定の公式交渉が外務省で始まった、と新聞などで報道されました。業界用語で「アタマ撮り」といって、最初の数分だけマスコミの写真撮影を許可し、その間は当事者がとりとめもない雑談をします。あとは記者を退出させて、会談の内容は広報担当者が、公表の仕方を上部とも相談して、記者会見やブリーフィング（簡単な説明）をします。

ところが、帝国ホテルでの安保改定交渉では、会談が行われたことも含めて、記者会見もありませんでした。通常は、新聞記者が当事者との個人的なつながりを利用して聞き出すのですが、記者発表もブリーフィングがなければ、それもできません。

帝国ホテルの密談は、厳重な緘口令《かんこうれい》が敷かれ、新聞でもいっさい報道されませんでした。当時の日本の新聞には、たまに霞が関の外務省で藤山とマッカーサーが笑顔で握手している写真とともに、あたかも国民の前で交渉しているかのような報道が大きく出ましたが、帝国ホテルで秘密裏に行われていた交渉のことは一切でませんでした。

帝国ホテルの密室での交渉は、政府の外務省をはじめ各省庁でも秘密を保持するための体制がつくられました。外務省では秘密の作業グループがつくられました。

◆公電、マッカーサーから国務長官へ、番号八八二、一九五八年一〇月二三日、午後六時、極秘、国務省受領：一〇月二三日午前七時八分

さらに新安保条約関係の議論をするために、藤山の要請で、昨日遅く短時間会った。会談を要請した際に、藤山はごく内輪の、中身のある提案はしないものにするよう求めた。

会談の初めに、藤山は言った。岸と自分［藤山］は一〇月四日に出された米側の条約案と提案をまだ慎重に研究中で、中身のあるコメントをする準備ができていない。これらの提案は、最も注意深く研究することがきわめて大事だから、というのだ。この研究は、最も限定されたグループにより、秘密ベースで行われている。日本側が米側の提案を十分に研究してコメントできるようになったら、私と秘密の会談をセットして会うことになると藤山は述べた。とはいえ、当分は、岸と彼［藤山］は、新聞に岸批判を言いたてられ動きがとれなくならないよう、条約交渉が公《おおやけ》におこなわれているように見せるための公式の会合をもつ必要があると思っていた。

Telegram, From MacArthur to Secretary of State, No.882, October 23, 1959, Secret, Rec'd : October 23, 7:08am, RG59, 1955-59

藤山もマッカーサーも、ホテルの玄関は避けて、別の入り口から入り、人目に触れない廊下を通って、ホテルが特別に用意した部屋に入りました。

時には、岸首相もここに来て、長時間にわたり自民党内反主流派の動きや社会党など野党の動向、さらに当面の政治日程などについて、マッカーサーと話し合いました。

4　安保条約と憲法の関係

＊伊達判決の影響を恐れる

アメリカ国立公文書館で安保改定交渉に関する国務省の文書を読んでいた私は、一九五九年の六月初めにマッカーサー駐日大使が国務長官にあてた秘密公電を見て、「やっぱり」と心の中で叫びました。

そこには、同年三月三〇日に東京地方裁判所（伊達秋雄裁判長）が下した「米軍駐留は憲法違反」という判決を受けた狼狽《ろうばい》ぶりとともに、それが安保改定交渉にどのような影響をあたえたかということがリアルに描かれていたからです。

◆公電、マッカーサーから国務長官へ、番号二五七七、一九五九年六月四日、午後四時、秘密、国務省受領：六月四日午前五時一〇分（セクション2の2）

砂川事件以来、［安保条約の］合憲性の問題が重大な論争点になってきた。それゆえ、新条約への世論の支持を得るためには、この点について議論の余地がないようにすることが極めて重要であると思う。日本政府がなぜこの点を強調するかというのは、［安保］改定反対者の主張とは逆に、新条約は憲法の枠内にあるからだ、と藤山はいう。

Telegram, From MacArthur to Secretary of State, No.2577, June 4, 1959, 4pm (Section 2 of 2), Confidential, Rec'd : June 4, 1959, 5:10am, RG59, 1955-59

砂川事件で米軍駐留を憲法違反とした伊達判決の影響は大きく、その影響は自民党内にも及んでいました。

一九五九年四月二七日付の毎日新聞は、「違憲論も飛び出す　安保改定、自民小委　荒れ模様」

という見出しで、自民党池田派が政府・与党首脳の統一見解を要求しているとして、次のように書きました。

「かりに改定された安保条約に対しても裁判所が砂川事件についての伊達判決のように〝憲法優位〟の立場から立法府（国会）の意思を無視して、違憲＝無効の判決を下すとすれば、改定自体が無意味になる」

もちろん、安保改定交渉は秘密裏に進められていましたから、改定後の条約がどうなるかは、世間ではほとんど知られていませんでした。

現行安保条約の第三条には、軍事力を増強する義務が書かれています。また第五条には、米軍と自衛隊がともに作戦するということが書かれています。

これらは、「極東」に出動するために米軍を日本に駐留させると書いた第六条とともに、安保条約の心臓にあたる条項です。

とりわけ岸や藤山が頭を悩ましたのは、伊達判決が米軍駐留によって、日本が戦争に巻き込まれる恐れがあると明快に断じたことでした。

伊達判決は、米軍が日本を守るためにだけ駐留しているのではなく、安保条約第六条に書かれている「極東における国際の平和と安全」という、いわゆる極東条項にもとづいて、米軍が日本の域外に出動する危険について、憲法前文を引用して次のように述べました。

伊達判決のそのくだりを引用します。

砂川事件東京地裁判決、一九五九年三月三〇日、日米安保条約に基づく行政協定に伴う刑事特別法違反事件（抜粋）

わが国に駐留する合衆国軍隊はただ単にわが国に加えられる武力攻撃に対する防御若《も》しくは内乱等の鎮圧の援助にのみ使用されるものではなく、合衆国が極東における国際の平和と安全の維持のために事態が武力攻撃に発展する場合であるとして、戦略上必要と判断した際にも当然日本区域外にその軍隊を出動し得るのであって、その際にはわが国が提供した国内の施設、区域は勿論この合衆国軍隊の軍事行動のために使用されるわけであり、わが国が自国と直接関係のない武力紛争の渦中に巻き込まれ、戦争の惨禍がわが国に及ぶ虞《おそれ》は必ずしも絶無ではなく、従って日米安全保障条約によってかかる危険をもたらす可能性を包蔵する合衆国軍隊の駐留を許容したわが国政府の行為は、「政府の行為によって再び戦争の惨禍が起きないようにすることを決意」した日本国憲法の精神に悖《もと》るのではないかとする疑念も生ずるのである（『下級裁判所刑事裁判判例集』一九五九年度第一巻第三号七八一～七八二ページ）。

マッカーサーは、伊達判決によって生じた状況にいかに対応するかを岸首相が思案している状況を次のように国務省に報告しました。

◈公電、マッカーサーから国務長官へ、番号二六〇一、一九五九年六月六日、午後三時、秘密、国務省受領：六月六日午前三時〇四分

昨日の夕方の会談で、新安保条約と関係文書の調印を、彼［岸］の欧州・南米訪問に出かける前にするべきだと引き続き思っているのかどうかと、私［マッカーサー］は岸にたずねた。（中略）砂川事件の最高裁判決は、恐らく九月以前には出ないだろうと岸は述べた。そして、彼は特にそう言ったわけではないが、条約の調印を最高裁判決の前にしたほうがよいか、それとも、判決が下される後まで待ったほうがよいか、心の中で思案している印象だった。

Telegram, From MacArthur to Secretary of State, No.2601, June 6, 1959, 3:00pm Confidential, Rec'd : June 6, 1959, 3:04am, RG59, 1955-59

米軍が日本の領域外に出動することにより、「戦争に巻き込まれる危険がある」という伊達判決の明快な論理に対抗するためには、どうすればよいか。マッカーサーの公電からは、伊達判決後の世論や自民党内の動きを見ながら思案する岸の動揺が窺《うかが》われます。

安保条約によって日本が戦争に巻き込まれる、自衛隊がアメリカ軍と一緒に戦うことになれば、その危険はもっと大きくなるという不安は、伊達判決がでる前からかなり広がっていました。とりわけ知識人の動きは活発でした。

伊達判決が出る直前の三月二三日にも、末川博立命館大学総長ら文化人三〇人が「日本に軍事基

地がある限り、日本は戦争に巻き込まれる心配がある」と声明を発表していました。伊達判決は、この世論に拍車をかけました。各地で開かれる「安保改定反対」の集会では、「砂川判決支持」が合言葉になりました。

駐日アメリカ大使館は、伊達判決からまもない一九五九年四月一四日の国務長官あて秘密公電では、次のようにワシントンに報告しました。

◆公電、レンハート公使から国務長官へ、番号二一〇六、一九五九年四月一四日、午後八時、秘密、国務省受領：四月一四日午前七時四八分

「安保条約改定阻止国民会議」という、日共が重要な役割を果たしている積極的グループは、四月一五日に、東京、大阪、名古屋、札幌、広島、福岡で、「砂川判決支持」をメイン・スローガンに、一連の集会の最初の取り組みをすることになっている。集会の目的には、地方選挙と参議院選挙にもこの問題を持ち込むとある。東京の予定では、総評が主催する自動車パレードが予定されており、「青年、学生グループによる共同闘争」のスローガンをかかげ、首相官邸での抗議行動を行い、公会堂に集結する。

Telegram, From MacArthur to Secretary of State, N0.2106, April 14, 8pm, Confidential, Rec'd : April 14, 7 : 48am, RG59, 1955-59

「安保改定阻止国民会議」は社会党、総評が指導する組織で、共産党はオブザーバーでした。マッカーサーは安保条約に反対する運動が大きく広がる可能性を見て、ワシントンに警鐘を鳴らしたのでした。

＊「憲法に従って」と「憲法の枠内で」

こうした情勢の中で、一九五九年四月二九日夕刻、マッカーサーとの長い会談の終わりころに、藤山が提案したのが、安保条約第八条に、「いずれの側も憲法の規定と一致しない義務を負う」と書き込むことでした。

安保条約第八条は、日米両国政府に条約を批准することを義務づけたものです。批准を憲法の手続きに従ってするのは当たり前のことです。藤山はなぜ当たり前のことを提案したのでしょうか。

マッカーサーは、一九五九年四月二九日午後六時の秘密公電で、藤山の新提案を国務省に報告し、「われわれの見方からすれば、これは問題を生じないように思われる」(Telegram, From MacArthur to Secretary of State, No.2236, April 29, 1959, 6pm, Confidential, Rec'd : April 29, 9:41pm, RG59, 1955-59) と述べました。

しかし、国務省からは五月九日になって、ディロン国務長官代理（注）から藤山提案を強く拒否する返電がきました。

（注）トルーマン政権下で国務省顧問として安保条約・行政協定を日本に押しつけ、アイゼンハワー政権下で冷戦下の米外交を取り仕切ってきたジョン・フォスター・ダレス国務長官は、一九五九年四月一六日に辞任し（同二四日死去）、クリスチャン・ハーターが国務長官に就任しました。ハーターは、一九一九年のベルサイユ条約当時、のちに駐日大使や国務次官補になるジョセフ・グルーの補佐官として活躍した外交官です。しかし、就任後しばらくは、ダグラス・ディロンが国務長官代理として、日米間の安保改定交渉を取り仕切っていました。ディロンは、トルーマン政権下ではジョン・リード投資会社社会長を務める国際経済の専門家でした。

ディロンは、反対する理由として三点を挙げた上で、憲法に違反するとか、しないとか、いったいだれが判断するのかという根本的な問題を出してきたのでした。

◆公電、ディロンからマッカーサーへ、番号一六七三、一九五九年五月九日、午後一二時二七分、秘密

第八条。条約全体の資格に関わる合憲性について特定の条項に入れることには、厳重に反対する。

第一、他の国ぐにとの安全保障条約にそのような規定はなく、日本との条約にだけそのようなことを書き込めば、議会は間違いなく疑義を出すにちがいない。

第二、他の国ぐにも同じような条項を持ち出して、憲法と矛盾する義務から逃れようとすることを恐れる。

第三、アメリカ合衆国憲法のもとで、執行部門が憲法を解釈する権能をそんなに明白に主張できるのかどうか、問題がある。提案されている条文は、憲法の最終裁定者である司法の権限を、執行部門が主張しようとするものであると日本側に説明してもよい。

最後に、第八条のいまの文言では、例えば、第六条の条文の下で、いずれかの国がそれぞれの憲法と矛盾する義務を、解釈として免れることを許容するものと考えることもできる。受け入れられている国際法のもとでは、条約はたとえそれが国内法の目的にてらして憲法違反と宣言された時でさえ、国は条約により受け入れた国際的義務から免れない。

しかしながら、日本では、憲法の問題は極めてデリケートであり、決定的に重要な事柄であることをわれわれは認める。このため、第五条の末尾に「憲法の規定に従って」と書き加えることを提案する。

Telegram, From MacArthur to Department of State（Dillon）, No.1673, May 9, 1959, 12:27pm, Confidential, RG59, 1955-59

ディロンの指示は明快です。アメリカ合衆国憲法の下では、条約が憲法違反であるかどうかの最終的決済者は司法当局だから、第八条に「憲法に従って」と書き込む必要はないというのです。興味深いのは、第八条にそれを書き込めば、それは他の条項の義務を憲法解釈で免れることを許されることになると言って、ディロンがことさら第六条をあげたことです。

米軍は、安保条約第六条の極東条項により、日本から海外の紛争地域に出動しています。「憲法の規定に従って」と安保条約第八条に書き込めば、それは第六条にもかかるから、伊達判決が指摘したように、米軍が日本の基地から台湾海峡や南シナ海など現実に紛争が起きている地域に出動している現実がやり玉にあがることになるのではないかと、ディロンは恐れたのでした。

このためディロンは、条約の全体の資格に関わる第八条ではなく、第六条とは別個の第五条に「憲法の手続きに従って」と書き込むことを提案したのでした。

安保条約第五条は、日米共同作戦条項といわれるように、日本国内にある米軍基地や日本の領域に対して武力攻撃が加えられれば、米軍と自衛隊が共同で作戦することを定めた条項です。

岸内閣は、旧安保条約の下ではアメリカが日本を守る義務は書いていないが、安保改定により、日本を守る義務を条約に明記するから、「対等の条約になる」と宣伝していました。

しかし、安保改定に対して国民が不安を感じたのは、まさにこの点でした。米軍は第六条の極東条項により海外の紛争地域に出動しますから、これと第五条の日米共同作戦が結びつけば、日本国内の米軍基地が攻撃され、さらに自衛隊が海外で米軍と一緒に戦争することになりかねません。

さらに、ディロンは同じ公電で、安保条約の第三条にそのための条文を書き込むことを、マッカーサーに指示しました。帝国ホテルでの安保改定交渉は秘密裏に行われていましたから、この事実は、岸、藤山や外務省の特定グループに属する人物以外は知るよしもありませんでした。

次は同じ公電の別の個所の電文です。

安保条約第三条は「個別的に及び相互に協力して」……武力攻撃に抵抗するそれぞれの能力を維持し発展させるとなっていますが、当初のアメリカ案には「個別的で集団的に」……と書かれていました。

◈公電、ディロンからマッカーサーへ、番号一六七三、一九五九年五月九日、午後一二時二七分、秘密

第三条．日本側案に全体として異議はない。しかしながら、可能なら、「個別的及び集団的能力」に言及するようあらゆる努力をしなさい。それがヴァンデンバーグ決議に従うことになる。コメント：「集団的」能力への言及が日本政府に問題をつくり出すことは認める。しかしながら、第三条に「集団的」を書きこむことは、[安保条約]前文で「集団的自衛」に言及しているのと一致したものと考えるのは理由のあることである。加えて、日本の自衛隊とアメリカの軍隊を結びつけることは、日本が日本防衛とともに、「集団的」能力を構成し、かくしてこの条約の条文により正当化される。もっとも、日本政府が「個別的及び集団的能力」を入れることに反対し続けるとしても、彼らの「能力」が使われるべきだと信じている。

Telegram, From Dillon to MacArthur, No.1673, May 9, 12:27pm, Confidential

ヴァンデンバーグ決議というのは、ヴァンデンバーグ米上院外交委員長が提出し、一九四八年六月一一日に上院が、アメリカが締結する軍事同盟条約は「自助と相互援助を基礎とする」と決議したものです。軍事同盟というのは、互いに守り、守られる関係に入ることを約束するわけですから、アメリカ議会は軍事同盟の相手国にも軍事力強化を義務づけたわけです。

マッカーサーへのディロンのこの指示は、アメリカが、安保改定によって日本が集団的自衛権を行使する能力を持つよう条約で義務づけるつもりだったことを示しています。

ディロンの指示に対して、マッカーサーは翌々日の五月一一日午後九時のディロンあて秘密公電で、アメリカは藤山の提案を受け入れられないことを藤山に伝えると述べるとともに、そのうえで藤山が新たな提案をしてきたことを報告します。

マッカーサーのこの電文には五行ほどの閲覧制限による削除があり、続く文書が「安全保障」の理由で抜き取られています。そこに何が書かれているのか。削除は、アメリカが安保改定により、日本に集団的自衛権を行使する能力をもたせることを狙っていたことと無関係ではないでしょう。

◆公電、マッカーサーからディロンへ、番号二三七四、一九五九年五月一一日、午後九時、秘密、国務省受領：五月一一日午前一〇時四三分

彼［藤山］は、第八条の削除にとくに言及した。安保条約第三条は、日本ができるのは自衛だということに限定した日本国憲法の限界を超えて、攻撃に抵抗する能力を発展させることを義務づけるよう要求するものであるので、この条に付随する「憲法上」の重大な困難が持ち上がると、彼は言うのである。彼はまた、第三条に「個別的及び集団的自衛」を入れることは、国会での困難をもたらすと思っていた。

Telegram, From MacArthur to Dillon, No.2374, May 11, 1959, 9pm, Confidential, Rec'd : May11, 1959, 10:43am, RG59, 1955-59

◆公電、マッカーサーから国務長官へ、番号二四九八、一九五九年五月二三日、午後七時（セクション2の1）、秘密、国務省受領：五月二三日午前七時三六分

第三条。私［マッカーサー］は、「個別的及び集団的自衛権」を受け入れるよう藤山に強く迫ったが、日本人はこの語句を受け入れることはできないと藤山は言った。この日本語では、この条約が、日本がどこかの地域的集団的安保条約の加盟国になるつもりだという意味になることは避けられないと強調した。彼［藤山］と岸はやはりこの語句は受け入れられないと決めた。彼と岸は、「集団的」は国連憲章で定める固有の権利として［安保条約の］序文で述べていることは認めるが、第三条の文脈でそれを使えばまったく違って解釈されると言うのだ。

Telegram, From MacArthur to Secretary of State, No.2498, May 23, 7pm (Section 1 of 2), Confidential, Rec'd : May 23, 1959, 7:36am, RG59, 1955-59

集団的自衛のための軍備増強義務を安保条約第三条に書き込むことを、岸と藤山が受け入れることができなかったのは、海外でアメリカの戦争に参加して戦争に巻き込まれるという日本の世論を無視できなかったからです。

しかし、これで問題が終わったわけではありません。

藤山が伊達判決の衝撃の中で、「砂川事件以来、安保条約の合憲性の問題が重大な論争点になっている」として、安保条約を「憲法の枠内」と言ったことを、この節の冒頭、一九五九年六月四日のマッカーサー公電二五七七のセクション2の2で紹介しました。

安保条約の第三条、第五条、第八条に憲法をどのように書き込むかということをめぐり、藤山は「憲法の規定に従って」ではなく、「憲法の枠内で」「憲法の制限内で」と書くことを提案したのです。

こうすれば、米軍が海外の紛争地域に出撃することも、その米軍を支援するために、将来、自衛隊が海外に出動することも、「憲法の枠内」ということができます。

しかし、法治を否定するこの文言を受け入れることは、この時点では、さすがにアメリカも受け入れることはできませんでした。

◆公電、マッカーサーから国務長官へ、番号二四九八、一九五九年五月二三日、午後七時（セ

クション2の2）、秘密、国務省受領：五月二三日午前七時五四分

彼（藤山）は、第三条の「維持し発展させる」の後に「憲法の制約の範囲内で」という語句を入れることに同意できるかどうかと尋ねてきた。私は、そんな提案は前と同じ理由で、とても受け入れられないと思う、と言った。何が憲法の制約であるかということを、執行部門である政府が解釈することはできないので、日本側提案は受け入れられない。それから私は、彼が提起した問題を解決する他になにか方法を見つけなければならないと思う、と言った。

Telegram, From MacArthur to Secretary of State, No.2498, May 23, 7pm (Section 2 of 2), Confidential, Rec'd : May 23, 7:54am, RG59, 1955-59

◆公電、マッカーサーから国務長官へ、番号二五七七、一九五九年六月四日、午後四時、秘密、国務省受領：六月四日午前四時二八分（セクション2の1）

［安保］条約についてさらに議論するために、藤山が非公式に面会を求めてきた。（中略）彼は第三条に「憲法の制限の範囲内」という語句を入れることに同意できるかどうか、ワシントンにきいてくれと頼んだ。

私はこの質問に特別に回答するよう国務省に要請すると言ったが、五月二三日に彼に指摘したように、何が憲法の限界なのかを執行部門が解釈するという意味だと読まれるだろうから、この提案には同意できないと私は思う。（中略）

藤山は、首相官邸の法制局の協力のもとに外務省の法律専門家により作成された文書を研究した上で、われわれの立場を再検討するよう求めた。

Telegram, From MacArthur to Secretary of State, No, 2577, June 4, 1959, 4pm (Section 1 of 2), Confidential, Rec'd : June 4, 4:28am, RG59, 1955-59

憲法を解釈する権限をもっているのは、アメリカにおいても、日本においても、裁判所であって、執行部である政府ではありません。政府が自分で憲法を解釈して自分で執行するなら、憲法の名で自らの政治を正当化することができます。それでは、三権分立という近代民主主義の原則は根底から崩されます。

この後、安保条約の第三条、第五条、第八条に、「憲法の枠内で」「憲法が許す限度内で」と書き込もうという日本側と「憲法の規定に従って」というアメリカ側とのやりとりがしばらく続きます。

そうした最中の六月一〇日、マッカーサー秘密公電は、山田が密かに会いたいと言ってきたので会ったら、彼は「憲法の範囲内」ではなく、「憲法の規定に従って」を検討してもよいと非公式に伝えてきたと国務省に報告（Telegram, From MacArthur to Secretary of State, No.2644, June 10, 10pm, Confidential）しました。

山田というのは、山田久就《ひさなり》外務次官のことです。日本の官僚制度のもとでは、政権が変わったり、内閣改造があったりすると、大臣は変わりますが、事務次官は変わらず、官僚を指揮・統括していますから、ある場合では実質的に大臣以上に実権を持ちます。

マッカーサーは、藤山と帝国ホテルで秘密会談をしながら、その一方で、外務省官僚の実力者とも闇のパイプをもっており、ここという場面になると、そうしたウラの話を持ち出すのです。

山田久就外務次官は、二〇〇九年に民主党が政権をとって、核兵器持ち込みなどの密約を公表すると言いだした時にも登場して、「核持ち込みの合意はありました」と〝証言〟してマスコミにもてはやされました。密約の存在を否定する一方で、核持ち込みの合意を公然化するための術策でした。アメリカ側と隠れたルートをもっている外交官僚が交わした約束が、金科玉条にされ、日本政治を動かしている。日米同盟下の現実です。

六月一二日の会談では、マッカーサーは「『憲法の範囲内』という言い方では難しいと思うので、山田の提案をもういちどよく考えるように藤山に強く求めた」「われわれ［米側］が山田方式(Yamada Formula) を受け入れるよう日本側を強く説得すれば、日本側のすべての提案を下ろさせることができる」と述べて、新安保条約第三条の条文は次のようになるとワシントンに報告しました。

◆公電、マッカーサーから国務長官へ、番号二六七六、一九五九年六月一二日、午後一〇時、秘密、国務省受領：六月一二日午前一〇時三〇分

「締約国は、個別的に及び相互に協力して、継続的かつ効果的な自助及び相互援助により、

武力攻撃に抵抗するそれぞれの能力を、憲法上の規定に従うことを条件として、維持し発展させる」（傍線は引用者）

藤山は、この条文は、日本が条約で負う義務が憲法第九条のもとで合法的になしうることを超えているという非難に対抗できるために、日本が必要とする最小限のものをあらわしていると述べた。

Telegram, From MacArthur to Secretary of State, No.2676, June 12, 1959, 10pm, Confidential, Rec'd : June 12, 10:30am, RG59, 1955-59

＊「憲法の枠内」という解釈改憲

しかし、藤山が安保条約第三条、五条、八条に書き込むことを提案した「憲法の枠内」という文言は、その後、消えたわけではありません。それどころか、日本政府が改憲解釈の変更により、憲法違反の政治を強行するための仕掛けとして活用されてきましたし、まさに今、活用されています。

日本政府が「憲法の枠内」という言い方で解釈改憲の範囲を広げていることは、現に見る通りです。二〇一五年四月末に日米両国の外交防衛閣僚が合意した「日米防衛協力の指針」新ガイドラインでは、日本が武力攻撃を受けていなくても、アジア太平洋の範囲を超えて日米両軍が共同対処するまでになりました。いまや、日米両国の政府が「憲法の範囲内」という解釈改憲の共犯者になっています。

安保改定から六〇年近くたったいま、日本が攻撃を受けていないもとで、アメリカなど外国を防衛するために、日本が海外で武力を行使できるとする法案を国会に提出し、法案の国会審議で、憲法との関係を問われた安倍首相は「まさに憲法の範囲内ある」と述べました。

同法案を「合憲」と主張した憲法学者も、「憲法の許容範囲」（西修駒澤大学教授）、「憲法九条の枠内」（百地章日本大学教授）と、いずれも憲法の「許容範囲」や「枠」を広げることに、その論拠を求めたものです（二〇一五年六月一九日、日本記者クラブ）。

安保改定交渉はその後どのように進展したでしょうか。

憲法第九条と安保条約第三条、第五条について藤山とのやりとりを報告したマッカーサー公電に対して、ディロン国務長官代理からは六月一六日に返電がきました。

ディロンがこの公電の中で、憲法の限界について言及すれば、日本に対して直接、攻撃があった場合以外に、日本の基地を使うことが妨げられるのではないかと最も心配していると述べたことは、第Ⅲ章第２節で紹介しました。

◈公電、ディロンからマッカーサーへ、番号七九七二、一九五九年六月一六日、午後七時三〇分、秘密

合憲性に関してわれわれの心配は、もともと憲法第九条から来ている。このことは、基地が日本を戦争に巻き込むと考えられている状況のなかでは、基地使用の許容とともに、日本が基地の設置を許容するのを妨げると解釈され得る。

Telegram, From Dillon to MacArthur, No.7972, June 16, 1959, 7:30pm, Confidential, RG59, 1955-59

これらの条項は、アメリカ軍が日本の領域外に出撃するために基地を使用する権利を認めた安保条約第六条と、一つの条約のなかで一緒になっているわけですから、それらのアメリカの権利が結びつけばどうなるか。

この問題は、ディロンの返電が駐日大使館に来た翌々日六月一八日の会談で藤山がもち出しました。マッカーサーは同日午後八時の機密（トップ・シークレット）の公電で次のように報告しました。

◆公電、マッカーサーから国務長官へ、番号二七三三、一九五九年六月一八日、午後八時、機密、国務省受領：六月一八日午前九時五一分

第三条の憲法問題にかんして、日本側はわれわれ［アメリカ側］の立場に合わせるために最大限のことをやったと［藤山は］述べた。彼らは第八条に関する提案を取り下げた。それは彼らの見方からしても、国会と世論の議論のために最も望ましく、そして重要なことをやったのだ。（中略）

藤山は強調した。日本を悩ませているのは、「武力攻撃に抵抗する能力を――維持し発展させる」という条文の扱いである。これら［第五条を含め］の条文は、日本が固有の自衛権を行使するために必要なものを超えて防衛体制を拡大する義務を意味するものとして、国会の議論ですでにとりあげられてきた。

この関係で社会党は、［安保］条約のもとで、アメリカは日本が防衛の必要を超えて、その戦力を増強するよう要求していると、間違いなく非難するだろう。われわれが提案した（「憲法の規定に従うことを条件として」などの）文言を［日本側が］受け入れることが難しいのは、憲法には自衛力に関するいかなる規定もないことから来ている。反対に、憲法九条では、陸海空軍をその他の戦力とともに、日本が維持することを絶対的に禁止している。日本国憲法は、固有の自衛権を、したがって自衛隊の必要性を否定していないと解釈されている一方で、そうした能力が「憲法の規定に従うことを条件として」維持され発展させられるということは、法的に不可能である。なぜなら、憲法にはそうした規定はないからである。国会内外の社会党その他の人びとは、重大な政治問題とするために、これらの文言をとらえるだろう。「憲法に従うことを条件として」ということでは、政治問題になるのを最小限に抑えることはまったく難しい。

Telegram, From MacArthur to Secretary of State, No.2733, June 18, 1959, 8pm, Top Secret, Rec'd : June 18, 9:51am, RG59, 1955-59

これは、伊達判決とこれに鼓舞された世論の追及を意識しながら、藤山と〝憲法論議〟を重ねたマッカーサーが下した一つの結論でした。

安保改定に反対する世論はさらに広がり、全国津々浦々に二〇〇〇をこえる「安保反対」の共闘組織がつくられました。大都市の大通りは、連日のようにデモ隊が行進し、東京の国会周辺は、毎日のように、数一〇万人のデモ隊に埋め尽くされました。

藤山は国会で、野党の追及の前にしばしば答弁に窮し、立ち往生する場面が相つぎました。日本占領中の一九五一年に調印された旧安保条約はアメリカ占領軍がそのまま駐留軍として居すわる駐軍条約でした。一九六〇年に改定された現行安保条約は、アメリカ軍と自衛隊が共同作戦するという点で、憲法違反の性格をいっそう際立たせるものです。このため、藤山とマッカーサーは、安保条約の当該条文に「憲法の規定に従って」と書きこむことによって、批判をかわそうとしました。

しかし、安保改定についての国会の議論や自民党内の動きを横目にみながら、藤山とマッカーサーの秘密協議は、安保改定による自衛隊の海外派兵については、一九五九年秋に一つの区切りを迎えました。

当時、新聞は「憲法内で〝相互防衛〟」の見出しで、「日本国憲法では海外派兵はできないし、自衛も完全な軍隊組織としては認められていない」「そこで生まれ出たものは、北大西洋条約など他の条約では例をみない相互防衛条約としての奇形児だった」と書きました（毎日新聞一九五九年一〇月二七日）。

岸首相は一九六〇年四月五日、衆議院安保特別委員会で「（自衛隊が）領土を出て、よその領土へ行くということは絶対にありません」と答弁しました（日米安全保障条約等特別委員会議録第一二号、一九六〇年四月五日、六ページ）。これは本音ではなく、欺瞞的なものだとしても、少なくともそう言わざるをえない情勢でした。

現行の安保条約と地位協定を審議していた衆議院安全保障特別委員会は、一九六〇年五月一九日一二時三七分に突如、審議が撃ち切られました、直後の一九六〇年五月二〇日午前零時直前、岸内閣は警官隊を国会に導入し、野党議員をゴボウ抜きにして、会期延長を宣言しました。

この暴挙に岸内閣の素顔をみた国民の声は、「アンポ反対」から「キシ反対」ともなって、政治的立場の違いをこえて、さらに大きく広がってゆきました。

＊米国家安全保障会議の当座の判断

ワシントンでは、アイゼンハワー大統領はその日のうちに、国家安全保障会議（ＮＳＣ）を招集し、対日政策について、新たな方針を出しました。

国家安全保障会議は、アメリカが重要な問題に直面した時に、大統領が議長を務め、内務、外務、軍事の政策を一体化して大統領に助言することにより、陸軍、海軍、空軍及びその他の政府機関が一体となって、有効に機能するようにするための、軍事・安全保障に関するアメリカの最高の国家機関です。

ＮＳＣが一九六〇年五月二〇日に採択した文書は、「日本の防衛力は、領域を越えては使うことは禁止されている」と、次のように述べていました。憲法九条がある限り、海外派兵はムリだという宣言でした。

◆ＮＳＣ六〇〇八、一九六〇年五月二〇日、主題：アメリカの対日政策、極秘

日本の防衛軍の現在の任務は、国内の治安維持で警察を支援する以外に、日本の領域内の防衛にかかわることである。

日本の領域の外でこの軍隊を使うために、その任務を広げることは、憲法九条によって禁止されている。憲法九条は、いま解釈されているように、日本の軍事力の使用を日本の自衛に限定している。もしこの軍隊を計画通りに発展させるなら、日本はいまアメリカにより課せられている防衛責任を、それにふさわしく果たすことになる。しかし、一九六五年までは、日本に対する重大な攻撃に対して日本を防衛する限られた能力だけをもち、そして、事実上、大規模な核攻撃に生き残る能力をもたないことになる。

NSC (National Security Council) 6008, May 20, 1960, Subject : U.S. Policy Toward Japan, Secret, RG273

現行安保条約は、一九六〇年六月二三日に自然成立し、日米両国政府は翌二四日に批准書を交換しました。

憲法九条の改廃をもくろんでいた岸は退陣に追い込まれましたが、岸が執念を燃やした安保改定を実現する上では、第一章でみたように、「憲法の番人」であるべき最高裁が、長官みずから駐日アメリカ大使と二度まで密談するというアメリカ政府との不正常な関係をもち、大法廷の全裁判官全員一致で、伊達判決を覆し、米軍駐留を違憲ではないとする判決を下したことが、軽視できない否定的役割を果たしました。

最高裁砂川判決は、「陸海空その他の戦力を保持しない」と定めた憲法九条を逆さまに解釈し、アメリカ国務省の特別補佐官が考え出した理屈により、強大な米軍戦力の存在を憲法違反でないとしました。日本政府はその後、「憲法の範囲内」という理屈で解釈改憲の範囲をどんどん広げてきましたが、その出所もまた、「日本国以外の国により維持され使用される軍事基地を日本に可能にするのは、憲法の範囲内である」（本書第Ⅰ章七五ページ）という同特別補佐官の報告書でした。（傍線は引用者）

現行安保条約の自然成立後に、アメリカ国務省が発行した新安保条約についての解説書は、次のように述べて、海外における日本の軍事的義務を否定しました。

国務省冊子「日本との相互協力及び安全保養条約に関連して達した合意の要約」
問い：なぜ条約地域は日本に限られるか？
答え：日本国憲法には、つぎの規定がある。
「日本国民は、正義と秩序を基調とする国際平和を誠実に希求し、国権の発動たる戦争と、武力よる威嚇又は武力の行使は、国際紛争を解決する手段としては、永久にこれを放棄する。」
「前項の目的を達するため、陸海空軍その他の戦力は、これを保持しない。国の交戦権は、これを認めない。」
日本は、この条文はいずれの国家の自衛の行動をする固有の権利を否定するものではなく、自衛隊を維持することを禁止していないと考えている。一九五九年一二月に、日本の最高裁は、憲法のこの規定は日本の自衛権を否定していないとの見解を全員一致で確認した。しかしながら、［憲法第九条の］この条文は現在、日本の軍隊を海外に派遣することを禁止していると解釈されている。したがって、日本はその行政管轄権の下にない領域については、いかかなる防衛義務も負わないよう、憲法によって義務づけられている。(Summary of Agreements Reached in Connection with the Treaty of Mutual Cooperation and Security with Japan, RG59, 1960-63)

もちろんアメリカ政府は、日本の武装力を海外で利用する思惑を捨てたわけではありませんでした。ＮＳＣ六〇〇八は、改訂された安保条約のもとでの日米間の軍事協力について、アメリカ軍がやっていることを自衛隊に肩代わりさせていくと述べていました。半世紀をこえて、いま私たちの目の前で進んでいる事態です。

ＮＳＣ六〇〇八

日本の政治的経済的安定に不利になる圧力やそのような行動は避けながら、［日本が］その防衛努力を強め、軍事力を近代化するよう促進する。それを追求する中で、引き続き大きな軍事援助を与える。（a）より大きな日本の防衛努力を引き出す。（b）日本の軍事力の近代化をうながす。（c）日本の防衛力の進展に引き続きアメリカが影響を与えられるようにする。（d）現在は日本国内での米軍が引き受けている防衛任務を、引き続き日本軍に移していく。（中略）相互の利益になる安全保障・防衛問題について日本政府と協議する。自由世界の防衛取り決めの共通の安全保障目的や地域的な安全保障の取り組みについてもっと理解が促進するように、そうした協議を利用するが、集団的安全保障取り決めに加わるよう日本政府に直接圧力を加えるのは避ける。アメリカと日本の軍事計画を調整する取り決めと日本地域防衛の作戦を広げる。
(NSC6008, May 20, 1960, Secret ibid.)

5　赤城宗徳が語った安保改定の舞台裏

＊赤城という人物

一九六〇年の安保国会で藤山愛一郎外相とともに、野党質問の矢面にたっていた閣僚に、赤城宗徳防衛庁長官がいました。第二次世界大戦中からの岸信介の腹心で、佐藤内閣では農相、岸内閣では農相、官房長官などを務め、ソ連とのサケ・マス交渉で知られていました。岸内閣で防衛庁長官を務めたあとは、自民党総務会長、政務調査会長、安全保障調査会長など、自民党の要職を歴任しました。

一九五八年九月一一日、藤山はワシントンでダレスと安保改定交渉を始めることを合意しました。新聞は、「藤山外交の勝利」などと〝ご祝儀〟記事をのせましたが、アメリカ大使館は、赤城の動向に注意を払っていました。

◆公電、アメリカ大使館ホーシー公使から国務長官へ、番号六二三、一九五八年九月一五日、国務省受領：九月一五日午前九時四五分

赤城官房長官は、今後の交渉に期待する一方で、米側の譲歩の見返りに、憲法という点から見て、過剰な期待をかけることに警告を発している。

Telegram, From Horsey to Secretary of State, No.623, September 15, 1959, Rec'd : September 15, 9:45am, RG59, 1955-59

後日、私は、まだ自民党内に大きな影響力をもっていた赤城宗徳と親交を結び、安保国会のウラ話などをよくききました。

当時、東京の平河町にあった事務所には、自民党の国会議員もきており、党内に隠然たる影響力をもっていることがうかがわれました。

東京の世田谷区にあった私邸にもよく行きました。勝手口から茶の間に入り込み、雑談をしていると、自民党の大物幹部も、そんなことを考えているのかと感心したことがありました。

私の車を利用したときなどは、「ハコ乗り」の気安さもあってか、「日本はもう戦争しちゃいかん」などと言っていました。

安保国会では、地位協定第五条により日本に寄港するアメリカの艦船は、核兵器を積んでいるから、アメリカ軍がアジアのどこかで核兵器を使えば、日本も核戦争の舞台になりかねない。そんな危機感を、私などよりもっと深刻にもっているようでした。核持ち込み問題では、元防衛庁長官の発言として、ニュース記事にもなりました。

＊岸の巣鴨時代につくられた藤山との関係

赤城は、私のインタビューに応じて、岸―藤山の関係や安保闘争のなかでの自衛隊出動問題でも率直に語ってくれました。私は赤城の了解を得て、次のような記事を書いて紙面を飾りました。

――六〇年の安保国会では、核持ち込みについての事前協議の問題などで、野党からの追及の矢面にたって答弁されました。米側との安保改定交渉にはどの程度関与されましたか。

赤城　安保条約の交渉の関係では、岸内閣の中で私は中枢にいなかった。防衛庁の役人は警察からまわってきた人ばかりだったから、結局、防衛庁では私が国会答弁に立つことになったが、米側との条約交渉には私は出ていない。岸首相は、米側との交渉も藤山さんにばかりやらせていた。事前協議制も、藤山さんがもっぱら米側と相談してつくったものだ。

――岸首相はなぜ藤山さんを重用したのでしょうか。

赤城　私は岸さんから一度だけ叱られたことがある。私が藤山さんのことを、「議員でもないのに、大臣にするのは少しいきすぎではないか」といったら、岸さんは「何をいっとるのだ、君は」と怒った。藤山さんは、岸さんが戦犯容疑で拘置所に入っているときに、力をつくして世話をしたんだ。

またあとで知ったのだが、こんな、いきさつがあった。戦時中、東条首相が陸軍大臣・参謀総長を兼任しており、海軍省内では反東条の空気が充満していた。その時、藤山さんは東京の商工会議所会頭で、海軍省の顧問であり、海軍省内の空気をよく知っておった。東条内閣の終末を決めた岸さんとは親友だった。それなのに藤山さんを入閣させたのを私が非難した。岸さんがそれに対して私をしかったのはもっともだと、あとで気がついたんだ。

＊自衛隊出動計画のウラ舞台

――六〇年の安保問題の際、安保反対のデモを抑えるために、岸首相から自衛隊の出動を要請されたが、拒否したという話ですが、そのいきさつを簡潔に。

赤城　自衛隊の出動が問題になったことは三回あった。最初は治安関係閣僚懇談会などで池田（勇人）通産相や佐藤（栄作）蔵相から、「自衛隊は何とかならないのか」といわれた。何とか出動させようという空気だった。二回目は川島（正次郎）幹事長なんかが「赤城君、自衛隊も出せないようじゃ、弱虫長官だと、君の評判が悪いよ。出した方がいいよ」と防衛庁にやってきて、いうようになった。当時、川島君は岸派の大幹部で、岸さんの意を受けたというか、その意を察してのことだった。そして六月一九日のアイク訪日を前にして岸さんからも強い要請を受けた。

――しかし、結局、出せないということになったのは。

赤城　防衛庁としては食料とトラックくらいは警察に協力しようと、（デモが）比較的静かだった関西の部隊に命令はしたが、当時、自衛隊はそうでなくても「税金泥棒」などといわれて評判が悪かった。それが武器をもたせて発砲でもすれば、日本が混乱に陥って、武力革命になってしまう。

武器と言えば機関銃ですよ。武器をもたさなければ、自衛隊は無力だということで、自衛隊無用論がでてくる。一晩寝ずに考えた。

しかし私だけで考えていても仕方がないので、陸幕長などを呼んで「どうなんだ」と聞いた。陸幕長は「外国からの侵入に対して対応するのが自衛隊で武器をもって日本人を殺すことは自衛隊の存在理由に反する」といった。海幕は「上陸してまで弾圧することはできません」、空幕は「空から爆弾を落とすわけにはいかない」ということだった（「赤旗」一九九〇年六月一七日「平和への選択・赤城宗徳さん語る」）。

一九六〇年以来、アメリカの世界戦略にしばりつけ、日本列島をアメリカ軍の出撃基地としている現行安保条約は、日本を赤城の言う通りとすれば、戦争中の私的な関係をひきずった岸と藤山の二人が、国民はもちろん、防衛庁長官をはじめ他の閣僚とも、与党内の大勢にも背をむけて、アメリカ側と取引した結果だったのです。

あとがき

アメリカ国立公文書館には、各地の大統領図書館やレコード・センター（中間書庫）、地域の公文書館など、全米三三の施設に約二五〇〇人の職員が働いています。

その中心になっているのが、メリーランド州カレッジパークにあるアーカイブIIです。

最近は経費節減のため午後五時に閉館するようになりましたが、二〇〇六年から通い始めた私は、よく夜九時の閉館間際まで粘りました。閲覧者も少なくなり、ひっそりした閲覧室でスタッフや警備員が遅くまで付き合ってくれる姿をみて、情報自由法で決まっていることとはいえ、なぜアメリカ政府は巨額の国費を使って、このように文書開示に努めるのかと考えたものでした。

公文書館では、それぞれの専門分野を研究している職員は、連邦政府各省庁や各地の各機関、在外公館、陸海空・海兵隊四軍の各司令部などから送られてくる文書を管理し整理して、アメリカ国内はもちろん、世界中からやってくる研究者が閲覧できるようにしています。アーキビストと呼ばれる彼らには、私もよく教えてもらいました。

私は閲覧室の一角にある相談室でファイルを調べながら、アーキビストがリサーチャーと派手に会話や議論をしている姿を見ていました。

リサーチャーは、日本語で言えば、研究者、調査する人ですが、大学教授や新聞記者など専門の人だけでなく、一般の人たちが調べに来るのです。夜遅くになって、家族が三々五々調べにくるのも目にしました。

そうした光景に、アメリカ政府が優秀な専門家やスタッフを擁して、一定の年月を経た政府文書を読めるようにしているのは、特別の人たちの便宜だけではなく、国民のためなのだと納得したものでした。

ワシントンDCの連邦議会議事堂隣にある議会図書館のビルには、政府が何をしているかを知るのは、国民の義務だと言うアダムス第二代大統領の言葉が掲げられています。

アダムスはアメリカ独立宣言に署名した一人です。独立宣言は、政府の権力は被治者の同意に基づくこと、政府が有害なものとなれば、変更または廃止して新しい政府を設けるのは人民の権利であるとうたっています。

しかし、政府が何をしているかを知らなければ、それが有害かどうかもわかりません。

そのアメリカ政府が米軍を日本に駐留させ、世界各地で軍事行動するために、日本政府と決して正常とは言えない関係を結んでいる。その事実を、日本人である私が、アメリカ政府の公文書館を利用して明らかにしようとするのは皮肉なことですが、それも、こんなことをしていたら、日米関係にもよくないと考えるからです。

なによりも、国の主権や国民の権利が侵されていることを知った以上、ジャーナリストとしては、その原因を調べ、是正する道を探求する義務があると思います。

とりわけ今の日本政治を考える上では、日米安保条約と地位協定の真実を知る必要があります。そのためには、それらがどのような日米交渉によって作られたか、そのもとで米軍の権利がどのようになっているかを明らかにすることが欠かせません。

たとえば、アメリカ大使館の一等書記官が「こんなことをやっている国は他にない」と大使に異常さを訴えた日米合同委員会とは、いったい何でしょうか。秘密のベールに覆われているその実体は、アメリカ政府の文書によって初めて明らかにすることができました。

米軍は日本で憲法や法令にとらわれずに行動しており、それは地位協定が基地管理権を保証しているからだと言われています。

日本が主権国家として米軍の無法行為をやめさせるためには、基地管理権なるものの正体を明らかにすることが欠かせません。それは、アメリカ政府の秘密解禁文書により、地位協定の秘密交渉の内容を詳しく分析することによってこそ可能になりました。

日本には戦争も軍備も放棄した憲法がありながら、世界有数の強大な軍事力をもち、とうとう米軍に協力して地球の裏側にまで出て行って戦争する法律まで作られるようになりました。

この手品のような政治の技の後ろ盾になっている最高裁判所の判決や「憲法の枠内」という理屈が、日米間のどのような密談や秘密交渉によって作られたのか、ということも米政府解禁文書で明らかになりました。

岸首相、藤山外相がダレス国務長官、マッカーサー大使と厳しい報道管制を敷いて、帝国ホテルの密室で行った秘密交渉のやりとりは、米大使の報告で明らかにできました。

私の訪米調査は、米軍基地やアメリカの文献について、長期にわたり教えてくださった国際問題研究家・新原昭治氏の援助なしには実現できませんでした。そして本書執筆にあたっても、重要な情報を提供していただきました。

アメリカ国立公文書館では、右も左もわからない私に、私物の保管場所や管内のルールを教えてくれた人、文書請求の仕方を教えてくれた人から始まって、多くの方々が助けてくださいました。そしてアメリカの事情に詳しくない私が何回も訪米し、切り詰めた自炊生活をしながら、長期にわたり調査活動ができたのは、現地の友人の援助があったからです。宿舎探しから米国内交通機関の予約、食料の買い出しなど、本当にお世話になりました。この場を借りてお礼を申し上げます。

二〇一五年秋

末浪 靖司

末浪 靖司（すえなみ・やすし）

1939 年生まれ。ジャーナリスト。現在、日本平和委員会理事・調査研究委員・国際委員、非核の政府を求める会専門委員、日本中国友好協会参与。
2014 年、日本民主法律家協会「法と民主主義賞」受賞。
著書『対米従属の正体』（高文研 2012 年）、共著書『検証・法治国家崩壊』（創元社 2014 年）、『日中貿易促進会―その運動と軌跡』（同時代社 2010 年）

機密解禁文書にみる日米同盟
――アメリカ国立公文書館からの報告

●二〇一五年一一月一日――――第一刷発行

著　者／**末浪　靖司**

発行所／株式会社 **高文研**
東京都千代田区猿楽町二―一―八
三恵ビル（〒一〇一―〇〇六四）
電話 03＝3295＝3415
http://www.koubunken.co.jp

印刷・製本／三省堂印刷株式会社

ISBN978-4-87498-580-9　C0036